Roland Biewald

Okkultismus – Satanismus

Mit Arbeitshilfen für Schule und Gemeinde (Erwachsenenbildung)

Evangelische Verlagsanstalt
Leipzig

Bildnachweis: S. 72: Lucas Cranach d. Ä., Weimarer Flügelaltar (Ausschnitt), Weimar Stadtkirche St. Peter und Paul 1553/1555; Foto: Constantin Beyer, Weimar

ISBN 3-374-01785-1

Printed in Germany · H 6622
Umschlaggestaltung: Thomas Walther
Textgestaltung: Jochen Busch
Druck und Binden: Thomas-Druck Leipzig

Inhalt

Vorwort 5

1. Okkultes unter uns 7
2. Okkultismus – was sich dahinter verbirgt 9
3. Okkultismus und christlicher Glaube 13
4. Wie wir mit Okkultismus umgehen sollten 17
5. Satanismus unter uns 19
6. Satanismus – was sich dahinter verbirgt 22
7. Satanismus und christlicher Glaube 24
8. Wie wir mit Satanismus umgehen sollten 28
9. Didaktische Überlegungen zum Thema Okkultismus 30
10. Didaktische Überlegungen zum Thema Satanismus 32
11. Praxishilfen für Schule und Gemeinde (Erwachsenenbildung) 34

    I. Skizze einer Unterrichtsverlaufsplanung 34

    II. Skizze eines Gemeindeseminars (Evangelische Erwachsenenbildung) 39

Literaturverzeichnis 42

Materialanhang 44

Das Thema Okkultismus und Satanismus unter Kindern und Jugendlichen ist bei Fortbildungen für den Religionsunterricht immer wieder gefragt. Gewiss sollte dieses Phänomen statistisch nicht überbewertet werden – zumal hinsichtlich des Satanismus nicht. Aber immer wieder berichten Lehrerinnen und Lehrer, Katechetinnen und Katecheten, Pfarrerinnen und Pfarrer, dass sie bei Kindern und Jugendlichen Anzeichen für okkulte Beschäftigungen oder gar von Kontakten mit der Satansszene wahrnehmen. Das Thema ist uns als Lehrenden vielleicht selbst ein wenig unheimlich – wissen wir genug darüber? Kann die Beschäftigung damit nicht schon gefährlich sein? Treten womöglich Wirkungen auf, die wir selbst nicht mehr kontrollieren können („Die Geister, die ich rief ...")?

Das vorliegende Sachbuch mit Praxishilfen für Schule und Erwachsenenbildung will zur Klärung beitragen und zum praktischen Umgang mit dem Thema Hilfen anbieten. Es ist zu einem ganzen Teil aus Fortbildungen erwachsen und richtet sich in erster Linie an diejenigen, die in Bildungszusammenhängen Klärungen über okkulte und satanistische Betätigungen von Kindern und Jugendlichen herbeiführen wollen. Es kann zum Teil auch eine seelsorgerliche Hilfe für die Gemeindearbeit sein, aber immer in der Begrenzung auf die hier verallgemeinerten Fragen. Seelsorge richtet sich an den Einzelnen und kann nur auf den einzelnen Menschen mit seinem besonderen Schicksal bezogen sein. Im Vorfeld der Seelsorge kann das Buch aber zu Klärungen verhelfen, denn es ist nicht voraussetzungslos geschrieben, sondern geht davon aus, dass der Glaube an Jesus Christus und sein Heilswerk die bessere Alternative zur okkulten Schicksalsvergewisserung und -beeinflussung ist.

In den ersten Kapiteln werden Sachinformationen gegeben, die vor allem für die Unterrichtenden bestimmt sind. Sie lassen sich aber auch direkt in die Erwachsenenbildung einbringen.

Die didaktischen Überlegungen fassen wichtige Intentionen hinsichtlich der Themen zusammen und beziehen sie auf aktuelle Fragen.

Die Praxishilfen sind in Unterrichtsentwürfe für die Schule und in Themenabende für ein Seminar unterteilt. Da in der Hauptsache das Jugendalter von dieser Problematik betroffen ist, sind die Unterrichtshilfen vorrangig für höhere Klassen und berufsbildende Schulen bestimmt. Einzelne Stunden lassen sich auch schon ab Klasse 8 einsetzen.

Im Materialanhang werden Texte und Anregungen für den Unterricht geboten. Informationstexte können auch durch Originalliteratur oder Lexikonartikel ersetzt werden, wenn z. B. in der Oberstufe des Gymnasiums an Texten gearbeitet werden soll. Die Materialien können durch sinnvollen Einsatz von AV-Medien ergänzt werden.

Allen, die in der Praxis an dem Thema arbeiten, sei gutes Gelingen gewünscht. Für Kritik und Anregungen ist der Verfasser jederzeit offen!

Roland Biewald

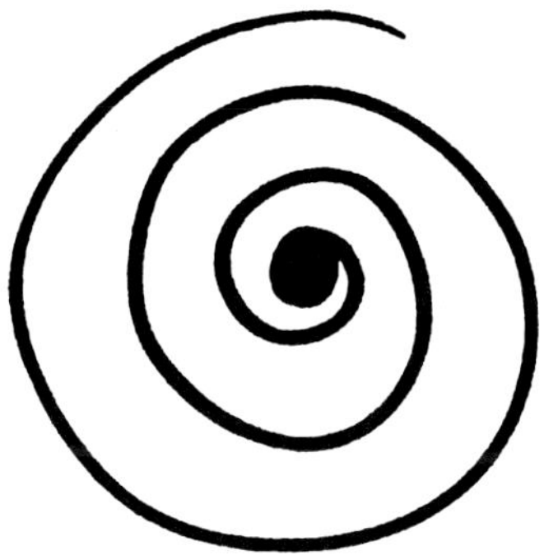

Großes Gelächter in einer neunten Klasse des Gymnasiums. In der Pause sitzen drei Mädchen an einem Tisch zusammen und pendeln über drei Fotos von Jungen. Lisa möchte endlich Gewissheit haben. Die anderen Schülerinnen und Schüler sehen den Mädchen neugierig über die Schulter, lachen, finden es Blödsinn, sind aber doch irgendwie „magisch" angezogen von dem, was da passiert. Als das Pendel endlich in die Richtung des einen Fotos ausschlägt, kreischen die Mädchen. Es ist ein Mitschüler aus der Parallelklasse. Sollte er Lisas Zukünftiger sein?

Die Szene mag nicht unbedingt alltäglich sein, ungewöhnlich ist sie jedoch nicht. Pendeln und Gläserrücken stehen bei Heranwachsenden und Jugendlichen hoch im Kurs wenn es darum geht, sich über zukünftige Entwicklungen von Partnerbeziehungen klar zu werden. Die populären „Okkultpraktiken" dienen als Entscheidungshilfen und Zukunftsvoraussagen. Doch was ist daran okkult? Ist es nicht lediglich eine Spielerei, die es so oder in abgewandelter Form schon immer gegeben hat? Gehört es nicht zum Jugendalter, dass man Abenteuer sucht und sich über Beziehungen und Liebeleien Gewissheit verschaffen möchte?

In der Tat ist die Unterscheidung von Spielerei und Ernst beim Jugendokkultismus eine schwierige Angelegenheit. Dazu müsste erst einmal klar sein, was „ernst", das heißt gefährlich, schädlich, zerstörend ist. Ist es bereits die Ausübung einer solchen Okkultpraktik? Damit könnte sich die Vorstellung verbinden, die wir unter Christen nicht selten antreffen: „Wer sich mit so etwas einlässt, hat sich dem Bösen schon ausgeliefert!"

Oder liegt die Gefahr in der Folge dieser Handlung (und nur hier)? Dann wären Angst, psychische Abhängigkeit von Okkultpraktiken und Ausrichtung von Entscheidungen und Handlungen an den Mitteilungen des „Orakels" das eigentlich Gefährliche.

Damit haben wir bereits die wesentliche Frage angeschnitten, die nach einer Klärung dessen verlangt, was Okkultismus eigentlich ist und welche Folgen wirklich davon ausgehen. Wir werden schnell einsehen, dass die Antwort auch von unserer Weltanschauung abhängt, von der Art und Weise, wie wir unser Leben interpretieren und zu gestalten versuchen.

Auch für die Heranwachsenden und Jugendlichen ist es zunächst eine Frage der Weltanschauung und Weltgestaltung. Dazu werden alle Möglichkeiten ausprobiert. Vor allem haben die Nicht-Alltäglichen einen besonderen Reiz. War es vor Jahrzehnten noch der Reiz des Verbotenen (der christliche Glaube verbietet eine Beschäftigung mit dem Okkulten), so ist es heute in einer überwiegend entkirchlichten Jugend eher der Reiz des Experimentierens. Das bestätigen weithin empirische Untersuchungen zum Jugendokkultismus.[1]

Uneins sind sich die Forscher, ob es sich dabei um ein weit verbreitetes Phänomen handelt oder nicht, ob man überhaupt von einem speziellen Jugendokkultismus sprechen kann und in welcher Beziehung Okkultpraktiken zur Religiosität Jugendlicher stehen. Die Zahlen und Fakten, die empirische Untersuchungen liefern, sind eben interpretationsbedürftig. Doch gerade im Hinblick auf mögliche Gefahrenpotentiale okkulter Beschäftigungen müssen wir eine fundierte Interpretation der Fakten und Phänomene versuchen. Immerhin ist der Okkultismus bei Schülern und Jugendlichen eine Erscheinung, die in der kirchlichen und pädagogischen Praxis zunehmend Beachtung findet. Auf dem Kirchentag 1997 in Leipzig gab es dazu Vorträge von Experten und Diskussionen, die sachlich und engagiert dazu Stellung nahmen und grundsätzliche wie auch praktische Fragen zu beantworten suchten. In den Schulen kommt das Thema in den Fächern Religion und Ethik vor, wird aber zunehmend auch von Beratungslehrerinnen und -lehrern aufgenommen.

Einige Daten aus Untersuchungen und Einzelmitteilungen sollen einen Eindruck von der Verbreitung okkulter Praktiken unter Schülern und Jugendlichen vermitteln.

Johannes Mischo[2] befragte 1989 in Rheinland-Pfalz 1754 Schüler und Jugendliche zwischen 12 und 20 Jah-

1 Zum Beispiel Johannes Mischo, Okkultismus bei Jugendlichen. Ergebnisse einer empirischen Untersuchung, Grünewald, Mainz 1991; Hartmut Zinser, Okkultismus in Ost und West, München 1993; Untersuchung Jenaer Psychologen im Raum Thüringen, Bericht in: epd Landesdienst Ost, Nr. 29 vom 15.12.1994, S. 6

2 Vgl. Anm. 1

ren zum Thema Okkultismus. Statistisch wurden zunächst vier Gruppen unterschieden:

7,3 % der Befragten (auffällig mehr Jungen als Mädchen) hatten weder an Okkultpraktiken teilgenommen noch wussten sie davon.

60,6 %, also knapp zwei Drittel (wiederum deutlich mehr Jungen als Mädchen), wussten von Okkultpraktiken, mieden sie aber, selbst wenn sie in ihrem Umfeld ausgeübt wurden.

21,8 % (fast gleiche Anteile von Jungen und Mädchen) hatten an Okkultpraktiken teilgenommen, zeigten aber keine Auffälligkeiten oder Nachwirkungen infolge der Praxis.

10,3 % (wesentlich mehr Mädchen als Jungen) zeigten infolge von Okkultpraktiken Angst, Auffälligkeiten oder Störungen.

Hartmut Zinser[3] führte eine quantitative Erhebung in Berlin durch.

Er stellte dabei (noch) deutliche Unterschiede zwischen dem Ost- und Westteil der Stadt fest. Im Westen Berlins gehören für ca. ein Viertel der Schüler Okkultpraktiken zum Alltag, die restlichen drei Viertel sind darüber informiert. Etwa die Hälfte davon würde sich gern weiter darüber informieren. Die erwachsenen Befragten, die über den zweiten Bildungsweg einen Abschluss erwerben, gaben zur Hälfte an, Okkultpraktiken auszuüben.

Im Ostteil der Stadt gaben nur 12 % der Schüler an, okkulte Praktiken auszuüben. Hier war der Informationsstand insgesamt geringer, aber auch das Informationsbedürfnis höher.

Eine Gruppe Jenaer Psychologen[4] führte 1994 eine Befragung an 1300 Schülern in acht thüringischen Städten durch. Sie kamen zu dem Ergebnis, dass fast ein Drittel aller Schülerinnen und Schüler in Thüringen über Erfahrungen mit Okkultpraktiken verfügt. 97 % der Befragten haben Kenntnisse über den Okkultismus. Die meisten derjenigen, die selbst praktiziert haben, taten dies aber lediglich einmal aus Neugier.

Vergleicht man die statistischen Ergebnisse, so zeigt sich, dass zwar die Mehrheit der Schüler und Jugendlichen über okkulte Phänomene und Praktiken informiert ist, dass aber nur eine Minderheit regelmäßig praktiziert. Es besteht große Neugier, etwas über Okkultismus zu erfahren und einmal damit zu experimentieren, die regelmäßige Praxis üben aber nur wenige aus.

Favoriten bei den Okkultpraktiken sind Kartenlegen, Pendeln und Gläserrücken. Diese eignen sich besonders, um die Neugier zu befriedigen, um einen „Blick in die Zukunft" zu werfen und sind zudem leicht nachvollziehbar. Anleitungen findet man schon in Jugendmagazinen, sie werden aber in den meisten Fällen persönlich weitergegeben. Wir haben es hier mit einer spielerischen Beschäftigung mit Okkultpraktiken zu tun, die nicht zu hoch zu bewerten ist, was ihre Gefährlichkeit angeht. Sie liegt psychologisch auf der Ebene der Auseinandersetzung der Heranwachsenden und Jugendlichen mit ihrer eigenen Persönlichkeit, mit ihren Partner- und Freundesbeziehungen und mit ihrer Zukunft. Auch wenn dabei sogenannte „Geisterbeschwörungen" im Spiel sind, d. h. die Praktizierenden rufen Geister an, die dann Pendel oder Glas in die richtige Richtung bewegen sollen, muss noch kein spiritistischer Glaube vorliegen. Es kann sich um eine Steigerung des „Ambiente" und des Nervenkitzels handeln. Nur an den Folgen für die Praktizierenden ist feststellbar, inwieweit eine Gefährdung der Persönlichkeit durch das okkulte Spiel vorliegt oder vorbereitet wird.

Solche Folgen werden in der Untersuchung von Johannes Mischo differenziert dargestellt. Die oben beschriebene Einteilung der Befragten in vier Gruppen lässt eine besondere Betrachtung derjenigen Jugendlichen zu, die infolge der Beschäftigung mit Okkultismus Angstsymptome und andere Auffälligkeiten oder gar psychische Störungen zeigen.

Man kann von einem „klassischen Okkultsyndrom" sprechen, wenn mit einer gewissen Angst vor dem Unheimlichen praktiziert wird. Dann sind die Sinne überdurchschnittlich sensibilisiert, und es wird in jedem Falle etwas wahrgenommen. Meistens gelingt die okkulte Praktik, das heißt, es kommt zu einer Aussage, die als Antwort auf die gestellte Frage akzeptiert wird. Das stärkt den Glauben der Beteiligten an das Funktionieren der Handlung, schürt aber auch die Angst vor dem Unheimlichen. Vor allem beim Praktizieren im spiritistischen Ambiente wird dann sehr schnell auf eine wirkmächtige, im Wortsinn okkulte, d. h. verborgene, dunkle Macht geschlossen. In diesem klassischen Okkultsyndrom steckt die Gefahr einer beginnenden Persönlichkeitsveränderung. Es ist zunächst die Angst vor dem eigentlich Okkulten, die aber nicht zur Abwendung davon führt, sondern im Gegenteil eine magische Anziehungskraft ausübt. Man will sich ja dieser Macht versichern, sie sich dienstbar machen! Hier schlägt das okkulte Spiel schon in Magie um.

Gefährlicher noch ist die Übertragung der Angst auf Räume der normalen Lebenswelt der Jugendlichen. Die Untersuchungen bestätigen, dass es zu einer Übertragung der Angstbesetzung auf das Milieu, in dem Okkultpraktiken ausgeübt werden, kommen kann. Man muss sich dazu vergegenwärtigen, dass über die Hälfte der Okkultpraktiken zu Hause ausgeübt werden und rund ein Drittel bei Freunden oder Verwandten. Es sind also Lebensräume, die für das Wohlbefinden und die Intimität der Betreffenden sehr wichtig sind. Diese Lebensräume können sie nicht einfach meiden, wie z. B. eine „Kultstätte" satanistischer Aktivitäten. Es ist daher leicht nachvollziehbar, dass Angstzustände entstehen, die nicht mehr ursächlich mit der okkulten Praxis ver-

3 Vgl. Anm. 1
4 Vgl. Anm. 1

bunden sind, der ganze Lebensraum kann „okkult besetzt" sein, die bedrohliche Macht wird als allgegenwärtig empfunden.

Angstsymptome und damit verbundene Auffälligkeiten sind glücklicherweise nicht die automatische Folge von okkulten Handlungen. Die Untersuchung von Mischo zeigt auch, dass einige der Jugendlichen nach einer Experimentierphase wieder aufhören, sich mit Okkultpraktiken abzugeben. Manchmal hängt das einfach am Misslingen des Versuchs und an damit verbundenen enttäuschten Erwartungen. Es gibt aber auch Jugendliche, die einfach Spaß daran haben und sich nicht von einer okkulten Macht bedroht fühlen. Sie orientieren ihre Entscheidungen kaum an den Voraussagen, die über eine okkulte Praktik gewonnen werden, sondern haben andere Möglichkeiten, ihre Lebensfragen zu bearbeiten.

Nach den Ergebnissen der Jenaer Psychologen sind es vor allem die stark sensitiven Jugendlichen mit einer Neigung zu „aktiver Vereinzelung", die für okkulte Praktiken anfällig sind. Dazu kommt das Gefühl von Orientierungslosigkeit und Sinnlosigkeit des Lebens.

Es kann also festgehalten werden, dass Okkultpraktiken mit offensichtlich negativen Folgen für die Praktizierenden quantitativ gering, aber qualitativ bedeutsam sind. Sie sind in den meisten Fällen ein Indikator für ganz andere Probleme, die die Jugendlichen haben, und kein Beweis für die tatsächliche Wirkung okkulter Mächte. Das ist zunächst eine psychologische Interpretation, die im Bereich der spielerischen Okkultpraktiken unter Heranwachsenden und Jugendlichen zur Erklärung der Vorgänge und Folgen genügt. Eine theologische Interpretation des Okkultismus ist damit noch nicht gegeben. Sie wird sich mit der Frage auseinander setzen müssen, inwieweit Okkultpraktiken Gottes Heilshandeln zuwiderlaufen und Menschen in Abhängigkeiten bringen, die sie von Gottes befreiender Gnade fern halten.

Zuvor sind jedoch noch einige sachliche Klärungen zum Thema Okkultismus nötig.

2. Okkultismus – was sich dahinter verbirgt

Es gibt eine ganze Reihe guter und allgemeinverständlicher Schriften und Nachschlagewerke, die sich zum Ziel gesetzt haben, über Okkultismus und angrenzende Phänomene aufzuklären (s. Literaturhinweise). Wir wollen deshalb vor allem verschiedene Begriffsdefinitionen und Interpretationen kritisch beleuchten und der Frage nachgehen, wo die Praktiken einzuordnen sind, die wir unter Heranwachsenden und Jugendlichen antreffen.

Okkultismus meint vom Wort her die Lehre von oder den Glauben an oder den Umgang mit dem „Verborgenen" (occultum). Diese Definition lässt viel Spielraum offen. Was ist mit dem „Verborgenen" gemeint? Es könnte zum einen Geheimwissen, Geheimlehren meinen, dann wären wir im Bereich der Magie oder der klassischen Esoterik. Es könnte aber auch Realitäten, Wirkungen, Vorgänge meinen, die uns bislang noch verborgen sind. Dann sind wir im Bereich der Grenzwissenschaften oder Grenzphänomene. Auch die moderne Form der Esoterik arbeitet mit solchen Vorgängen. Schließlich kann es Kontakte und Wirkungen zwischen unserer erfahrbaren Welt und einer anderen, von Geistwesen beseelten Welt meinen. Dann befinden wir uns auf dem Boden des Spiritismus.

All diese Vorstellungen und Interpretationen fließen in dem zusammen, was wir allgemein als „Okkultismus" bezeichnen, wenn wir an die oben beschriebenen Praktiken denken. Es ist dann „Vulgärokkultismus", d.h. eine verbreitete, allen zugängliche Erscheinung. Selbst wenn behauptet wird, dass es sich bei der Ausübung der okkulten Praktiken um überliefertes Geheimwissen handelt, ist es doch für alle erlernbar und wird von einem Praktizierenden zum anderen tradiert. Okkultismus ist in diesem Sinne ein Oberbegriff, der die Phänomene Magie, Spiritismus, paranormale oder PSI-Erscheinungen, Geistheilungen, Hexentum und Satanismus einschließt.

Um nun genau zu bestimmen, was wir mit Okkultismus meinen, wenn wir die verbreiteten Praktiken beurteilen, sind einige Unterscheidungen und Abgrenzungen nötig.

Der *Satanismus* hat eine eigene Geschichte und Qualität und berührt sich mit dem Okkultismus auf der Ebene des Glaubens an verborgene, nun wirklich dunkle Mächte und der entsprechenden, oft magischen, Praktiken. Er wird unten noch beschrieben.

Das *Hexentum* wäre von seiner Geschichte her ebenfalls eigens zu betrachten. Während sich im Mittelalter der Hexenglaube mit der Angst vor magischen Kräften verband, die man vor allem in Form des Schadenszaubers fürchtete, hat das moderne Hexentum eher einen Ort in der (Neu-)Esoterik und zum Teil in der Frauenbewegung. Die Vorstellung von einer Hexe knüpft an Überlieferungen von der „weisen Frau" an. Frauen, die sich selbst als Hexen bezeichnen, glauben sich mit besonderen Fähigkeiten und übersinnlichen Kräften ausgestattet. Ihr „Zauber" reicht von der Aktivierung von Naturheilkräften bis zur Abwehr von Dämonen und Schaden (sog. weiße Magie). Allerdings sind auch Formen der schwarzen Magie im Sinne des alten Hexenglaubens anzutreffen.

Geistheilungen, sofern sie nicht als Charisma des christlichen Glaubens verstanden werden, sind weithin auch der Esoterik-Szene zuzurechnen. Die Begründung für die Fähigkeit zur Geistheilung enthalten Elemente fast aller großen Religionen. „Okkult" sind solche Heilungen, wenn die Macht irgendwelcher Geister oder auch Naturkräfte durch die „Energie" des Heilers aktiviert wird, um eine Krankheit zu besiegen, ohne dass es sich dabei um das Erbeten von Heilung als Zeichen des göttlichen Heils handelt (christlich-charismatische Heilung). Nicht gemeint ist damit das Zurückdrängen einer Krankheit mit Hilfe natürlicher Mittel und durch psychische Stärkung der körpereigenen Abwehrkräfte (Naturmedizin, Homöopathie, psychosomatische Wirkungen). Sie dürfen nicht mit Okkultismus verwechselt werden, sind aber genau dahingehend zu prüfen, ob nicht okkulte Vorstellungen bei Therapeut oder Patient eine Rolle spielen.

Paranormale oder *PSI-Erscheinungen* sind zur Zeit in den Massenmedien gut verkäuflich, so dass die Unterscheidung von Wahrheit und Dichtung nicht gerade einfach ist. „PSI" ist der griechische Anfangsbuchstabe von „Psyche", Seele. Daher leitet sich der Begriff Parapsychologie ab, eine Wissenschaft, die sich mit Grenzgebieten der Psychologie beschäftigt. Manchmal wird dafür auch „Paranormologie" gesagt, um nicht vorschnell alle paranormalen Erscheinungen als seelische Aktivitäten einzuordnen. Doch das ist ein weites Feld.

Populär sind vor allem folgende Erscheinungen:

Außersinnliche Wahrnehmungen (ASW)
Telepathie: unbewusste Kommunikation zwischen zwei lebenden Personen, „Gedankenübertragung".
Hellsehen: Kommunikation zwischen Seele und unbeseelter physischer Realität, z. B. etwas Verborgenes auffinden, ohne den Ort bewusst zu kennen.
Präkognition: Wissen um Tatsachen, die noch eintreten werden und die nicht vorauszusehen sind. Aufsehen erregend waren z. B. angebliche Voraussagen des Untergangs der Titanic.

Psychokinese
Telekinese: Bewegung eines Gegenstandes ohne erkennbare physikalische Ursache.
Levitationen: Freies Schweben einer Person (oder auch eines Gegenstandes) in der Luft.
Apport: Herbeikommen/Erscheinen eines Gegenstandes, der aus einer anderen Umgebung stammt.
Klopflaute (engl. auch „raps"): Klopfende Geräusche, meist verbunden mit spiritistischen Sitzungen oder Spukerscheinungen.
Direktes Zeichnen/Malen: Mit oder ohne Hilfsmittel erscheinen Bilder.
Geisterscheinungen/Materialisationen: Oft bei mediumistischen Sitzungen (s. Spiritismus), oft gedeutet als „Ektoplasma", das aus dem Medium austritt und sich formt.
Bilokation: Fähigkeit, gleichzeitig an zwei (oder mehreren) Orten zu sein. Eine besondere Form davon ist die „Out-of-body-experience", d. h. die Erfahrung, außerhalb des eigenen Körpers zu sein.

Solche Phänomene werden einerseits ernsthaft wissenschaftlich erforscht, andererseits spektakulär vermarktet. All diese Vorgänge werden von Zauberkünstlern gern benutzt, um ihre Kunststücke geheimnisumwittert einzukleiden. Allerdings lassen seriöse Zauberkünstler keinen Zweifel daran, dass es sich tatsächlich um Kunst handelt, also um Können, Geschicklichkeit und hervorragende Präsentation. Nur unseriöse Scharlatane wie seinerzeit der Gabelverbieger Uri Geller verkaufen ihre Tricks als echte psychokinetische Gabe. Das verschafft natürlich ernsthaften Forschern keinen leichten Stand, zumal sie selbst oft von einfallsreichen Trickbetrügern hinters Licht geführt werden. Parapsychologe ist heute leider nicht gleich Parapsychologe. In der Esoterik-Szene kann man über ominöse Fortbildungsinstitute Kurse belegen, die angeblich parapsychologische Fähigkeiten schulen sollen und die auch mit einem entsprechenden Diplom abschließen. Hier kommen wir nun in den Bereich des Okkultismus: PSI-Erscheinungen haben nur dann etwas mit Okkultismus zu tun, wenn sie jemand systematisch oder zweckgerichtet einsetzen möchte und daher glaubt, die Ursachen und Zusammenhänge der Erscheinungen zu kennen. Die Wissenschaftler sind da erheblich vorsichtiger. Sie glauben erkannt zu haben, dass die paranormalen Phänomene, sofern sie echt sind, als Spontanphänomene auftreten und nicht systematisch anwendbar sind. Das macht übrigens auch die Forschung so schwierig, weil man die Erscheinungen kaum im Labor hervorrufen und exakt untersuchen kann.

Am deutlichsten ist der Zusammenhang zwischen PSI-Phänomenen und Okkultismus im *Spiritismus* zu sehen.

Wie der Name schon sagt, haben wir es beim Spiritismus mit Geistererscheinungen zu tun, präziser: mit dem Glauben an Geister bzw. mit der Deutung bestimmter Phänomene als von Geistern verursacht. Hinter dem Spiritismus steht also in erster Linie eine bestimmte Weltdeutung, die dann zu „spiritistischen" Erklärungen von PSI-Phänomenen oder auch von allgemeinen menschlichen Erfahrungen führt. Vergleichbar ist das etwa auch mit der „Ufologie" (auf die wir hier nicht näher eingehen), die das Auftreten von nicht identifizierbaren Flugobjekten oder Lichterscheinungen unbedingt auf Außerirdische zurückführen will.

Wir haben also beim Spiritismus zwischen Erscheinung, Erfahrung und deren Deutung zu unterscheiden. Der Glaube an eine Geisterwelt jenseits der unseren liefert das Deutungsmuster. Es ist vor allem der Glaube, dass die Seelen der Verstorbenen weiterexistieren und über ein Medium mit uns und unserer Welt in Verbindung treten können.

Über die Geschichte und Erscheinungsformen des modernen Spiritismus, der Mitte des 19. Jahrhunderts um sich griff, informieren viele der im Literaturverzeichnis aufgeführten Schriften.

Wenn okkulte Praktiken unter Jugendlichen einen spiritistischen Zug bekommen, ist das auf solch eine Interpretation zurückzuführen. Hier liegt auch ein besonderes Gefahrenpotential. Das Funktionieren einer okkulten Handlung, z. B. Gläserrücken, wird nach und nach den Glauben bestärken, dass da ein Geist seine Hand im Spiel haben könnte. Dieser wird dann auch angerufen. Sei es nun ein verstorbener Bekannter oder Verwandter oder ein unbekannter Geist – in jedem Falle wird damit die Angst vor dem Unheimlichen und Unkontrollierbaren geschürt.

Es gibt durchaus auch Spiritisten, die sich als Christen verstehen. Der Glaube an die Geister Verstorbener wird als vereinbar mit der biblischen Botschaft angesehen, weil man die Seele des Menschen als den unsterblichen Teil versteht, der in Gottes Reich eingehen wird, eventuell über eine Zwischenexistenz. Aus dieser Zwischenexistenz heraus ist die Kontaktaufnahme mit dem Diesseits möglich. Nicht selten übermitteln die Geister Botschaften von Gott oder Jesus Christus, um lebende Menschen zu warnen oder auf den rechten Weg zurückzuführen. Christliche Formen des Spiritismus fühlen sich damit einem ethischen Anspruch verpflichtet.

Anders sind christlich-spiritistische Sekten oder Sondergemeinschaften zu beurteilen. Sie gewinnen über mediumistische Vermittlung regelrechte neue Offenbarungen. Die Führerpersönlichkeiten (die sich zugleich als Medien verstehen) geben vor, mit Engeln, Jesus oder Gott selbst in Kontakt treten zu können und autorisieren damit ihre Botschaften. Das spielt aber im Jugendokkultismus kaum eine Rolle.

Die christliche Interpretation des Spiritismus wird unten noch zu beurteilen sein.

Der wohl älteste Begriff, der in engem Zusammenhang mit dem Okkultismus steht, ist die *Magie*. Kulturgeschichtlich ist die Magie bis in die Anfänge der Menschheit zurückzuverfolgen. Sie ist oft nahe bei der Religion oder auch mit ihr verwoben. Judentum, Christentum und Islam distanzieren sich deutlich von der Magie, hier lebt sie dann in Geheimkulten oder in Formen des Volks- und Aberglaubens weiter.

Magie liegt dann vor, wenn Menschen mit bestimmten Mitteln oder Verhaltensweisen sich Kräfte dienstbar machen wollen, die uns normalerweise nicht zur Verfügung stehen. In magischen Formen der Religion sind es Gottheiten oder Dämonen, deren Kräfte man sich versichern will. Naturmagie hingegen rechnet mit einem Einwirken auf Abläufe der Natur (z. B. Regen hervorrufen oder Krankheiten heilen), ohne dass dabei immer eine Gottheit im Spiel sein muss. Das Mittel, eine solche Wirkung hervorzubringen, ist der Zauber. Er kann mit Hilfe von Zaubersprüchen, Zaubertränken oder -speisen, Zauberbewegungen oder anderen Zauberutensilien (z. B. Zauberstab, -kreis, -amulett) bewerkstelligt werden. In unserem Kulturkreis ist vor allem die schwarze Magie (Schadenszauber) und die weiße Magie (Schutz- und Vorteilszauber) bekannt, die seit dem Mittelalter mit dem Hexenglauben verbunden waren. Neuerdings sind beide Magieformen eher im Zusammenhang mit Voodoo bekannt, einer auf Hawaii beheimateten, aus Afrika stammenden Naturreligion. Jedoch ist es meist eine Paarung von Unkenntnis und Sensationslust, wenn dem Voodoo außergewöhnliche Wirkungen des Schadenszaubers zugeschrieben werden. Der Wunsch, dass doch von einer Religion sichtbare (magische) Wirkungen ausgehen sollten, ist hier Vater des Gedankens. Das ist weithin auch das Motiv magischer Formen des christlichen Glaubens: Gott müsse doch seine Macht beweisen, und dabei kann mit Zauber ein wenig nachgeholfen werden.

Magie im Okkultismus wäre dann eine über die Zukunftsschau hinausgehende Praktik, nämlich angekündigten Schaden abzuwenden oder einen bestimmten Vorteil zu erlangen. Bei Jugendlichen spielen vor allem „Beschwörungen" eine Rolle: Durch zauberkräftige Formeln und Handlungen soll ein Sachverhalt beeinflusst werden. Meist beginnt das mit einem Spiel-Spaß, durch den ein Junge oder ein Mädchen der ersehnten Liebe näherkommen soll. Nicht selten muss dabei eine andere Liaison mit Mitteln des Schadenszaubers verhindert werden. Das mehr oder weniger zufällige Funktionieren des „Zaubers" stärkt wiederum den Glauben an die Magie. Zudem werden Erinnerungen an die Kindheit geweckt, in der ganz natürlich magisch gedacht wurde. Gerade in der Umbruchsphase des Jugendalters sehnt man sich zuweilen gern in die heile Welt der Kindheit zurück, wozu auch das Funktionieren magischer Wunschvorstellungen gehört. Auf diese Weise wird aus dem Spiel leicht eine öfter praktizierte Handlung.

Schwarzmagische Rituale sind vor allem im Satanismus beheimatet. Davon wird noch zu sprechen sein.

All diese Formen, in denen sich Okkultismus präsentiert, könnten weiter differenziert werden. Doch eine solche Darstellung ist nicht unser Anliegen. Es ist interessanter, die dahinter liegende Weltanschauung und ethische Haltung von Menschen herauszuarbeiten, die okkulte Praktiken vollziehen. Das gilt nicht in jedem Falle für den Jugendokkultismus, der in den meisten Fällen ein spielerischer Einstieg in okkultes Denken und Handeln ist. Glücklicherweise gibt es nachweislich für die meisten auch wieder einen Ausstieg. Wenn aber okkultes Denken und Handeln zu einer Lebenshaltung wird, an der der Mensch auch im Erwachsenenalter festhält, hat der Okkultismus die Qualität einer Ersatzreligion gewonnen.

Die Merkmale einer solchen okkulten Weltanschauung und der damit verbundenen ethischen Haltungen sind im wesentlichen folgende:

A Das eigene Leben wird weitgehend als *fremdbestimmt* gesehen. Der Mensch kann nicht autonom über sich bestimmen, sein Schicksal ist aber auch nicht nur das Ergebnis von gesellschaftlicher Determiniertheit, sondern Ich und Gesellschaft werden von einer transzendenten Macht (oder mehreren Mächten) beeinflusst.

B Die Macht bzw. die Mächte sind zunächst *angstbesetzt*, da sie im „Okkulten" wirken. Im Gegensatz zu den großen Religionen enthält der Okkultismus keine Erlösungsbotschaft. Die Angst wird damit zum Hauptmotiv, sich mit okkulten Vorgängen so einzulassen, dass Schaden abgewendet und womöglich Vorteile für die eigene Person erlangt werden können.

C Der Glaube an okkulte Mächte fördert damit eine okkulte Praxis, über die sich der Mensch nun seinerseits *Macht über die Macht* verschaffen möchte. Er findet sich mit der okkulten Fremdbestimmung nicht ab, sondern versucht über magische Denkweisen und Praktiken Einfluss auf sein Schicksal zu nehmen.

D Erfolge der okkulten Praxis, wie sie auch immer begründet sein mögen, stärken den Glauben an die Macht und an die eigene Fähigkeit, damit umzugehen. Nun wird versucht, über die magisch-okkulte Praxis auch das *Schicksal anderer Menschen* zu beeinflussen.

E Neben den klassischen Formen okkulter Praktiken (Pendeln, Gläserrücken, automatisches Schreiben, Wahrsagen in verschiedenen Formen, schwarze und weiße Magie usw.) treten heute zunehmend modernere Formen ins Blickfeld, die sich einen *parawissenschaftlichen Anstrich* geben. Wie auch bei den klassischen Formen ist der Übergang vom nicht ganz ernst zu nehmenden Spaß zum festen Glauben fließend. Die Wirkung von Edelsteinen und verschiedensten Strahlen auf das Wohlbefinden ist hier ebenso zu nennen wie computergestützte Prognosen des Schicksals. Sicher ist noch längst nicht alles entdeckt, was es „zwischen Himmel und Erde gibt", doch ist eine systematische Anwendung von Praktiken, deren Erfolg lediglich auf positiven Erfahrungen Einzelner beruht, äußerst fraglich. Okkult wird eine solche Praxis dann, wenn an eine Wirkungsmacht geglaubt wird, nach der ich mein Leben ausrichte.

F Damit ist das wesentliche Kriterium einer okkulten Weltanschauung genannt: Es ist die *Abhängigkeit eigener Entscheidungsfindung und Lebensführung* vom Glauben an eine beeinflussende Macht, deren Existenz, Erscheinungs- und Wirkungsformen allein durch die *Erfahrung* bestätigt werden, die aufgrund klassischer okkulter Deutungsmuster eingeordnet wird. Phänomenologisch hat Okkultismus den Wert einer Religion oder Weltanschauung, er unterscheidet sich aber qualitativ hinsichtlich der Transzendenzvorstellung („Gottesbild") und der ethischen Konsequenzen erheblich davon. Das kann aber nur an einem konkreten Vergleich gezeigt werden (s. Abschnitt 3).

G Schließlich ist das von einigen Forschern als „Okkultsyndrom" bezeichnete Erleben und Verhalten zu nennen. Die Angst, die mit okkulten Praktiken einhergeht, führt zu einer immer tieferen Abhängigkeit von diesen Beschäftigungen. Vor allem sind das Rituale, durch die man sich der Gunst der okkulten Macht versichern will. Rituale haben eine psychische und eine religiöse Schutzfunktion: Sie vermitteln Geborgenheit und Sicherheit durch Vollbringen einer festgelegten Leistung. Von daher sind sie nichts Ungewöhnliches und oft für die Bewältigung von krisenhaften Lebenssituationen nötig (z. B. die sogenannten Passageriten an biographischen Einschnitten). Im Okkultismus führen sie aber in einen circulus vitiosus („Teufelskreis"), indem die Angst nur noch durch das Ritual bewältigt werden kann, dieses aber neue Abhängigkeit und Angst, z. B. vor fehlerhafter Ausführung, erzeugt.

Wir können getrost behaupten, dass nicht jedes Pendeln und Gläserrücken, das Jugendliche praktizieren, Okkultismus ist. Es gehört zum Jugendalter, sich und alle Möglichkeiten auszuprobieren. Gerade das Geheimnisvolle und Verbotene hat eine besondere Anziehungskraft. Doch wann wird es gefährlich? Diese Frage kann leider nicht exakt beantwortet werden. Für viele Jugendliche bleibt es bei einem spielerischen Ausprobieren „okkulter" Praktiken, einige erleben aber schon die erste, vermeintlich von Geisterhand geschriebene Botschaft als unheimlich und leiden fortan an der Angst vor einer dunklen Macht. Die Gefährlichkeit okkulter Beschäftigung ergibt sich aus dem Zusammenwirken einer Reihe von Faktoren, wie

- psychische Konstitution und Fähigkeit zur Erlebnisverarbeitung der Beteiligten;
- Situation und Umgebung, in der praktiziert wird;
- Autorität und Einfluss der Personen, die die Praktizierung leiten;
- Überraschungseffekte und Gelingen der Übung;
- Erziehungseinflüsse, vor allem religiös-kritische, hinsichtlich von Okkultpraktiken;
- bewusste Ausnutzung der Angstgefühle durch Personen, die eine Machtposition aufbauen wollen, z.B. bei Initiationsriten in okkulten Zirkeln oder Geheimbünden.

Da die Frage nach der Gefährlichkeit so schwierig zu beantworten ist, ist in jedem Falle zur Vorsicht zu raten. Vor allem psychisch labile, zum Einzelgängertum neigende und am „Sinnlosigkeitssyndrom" leidende Jugendliche sind gefährdet, von okkulten Praktiken abhängig zu werden und die Selbstbestimmung zu verlieren.

Man sollte die okkulten Beschäftigungen nicht überbewerten, um sie nicht noch interessanter zu machen oder gar die Angstbesetzung zu verstärken. Hier hilft nüchterne Aufklärung und „Entzauberung" des scheinbar so Geheimnisvollen ein ganzes Stück weiter.

Andererseits sollte man ein Gespür dafür entwickeln, welche Heranwachsenden und Jugendlichen rasch seelsorgerliche Hilfe brauchen, um ihre Erlebnisse und Ängste zu bewältigen. Vor allem tut eine Klärung des Verhältnisses von Okkultismus und christlichem Glauben Not, wenn es sich um christliche Jugendliche handelt.

Dazu sollen im Folgenden einige Überlegungen angestellt werden.

3. Okkultismus und christlicher Glaube

Die Zauberinnen sollst du nicht am Leben lassen" (2. Mose 22,17).

„Wenn sich jemand zu den Geisterbeschwörern und Zeichendeutern wendet, dass er mit ihnen Abgötterei treibt, so will ich mein Antlitz gegen ihn kehren und will ihn aus seinem Volk ausrotten" (3. Mose 20,6).

„Wenn du in das Land kommst, das dir der Herr, dein Gott, geben wird, so sollst du nicht lernen, die Greuel dieser Völker zu tun, dass nicht jemand unter dir gefunden werde, der seinen Sohn oder seine Tochter durch Feuer gehen lässt, oder Wahrsagerei, Hellseherei, geheime Künste oder Zauberei treibt oder Bannungen oder Geisterbeschwörungen oder Zeichendeuterei vornimmt oder die Toten befragt. Denn wer das tut, der ist dem Herrn ein Greuel, und um solcher Greuel willen vertreibt der Herr, dein Gott, die Völker vor dir" (5. Mose 18,9–12).

Gerade noch hatte Saul die Geisterbeschwörer und Zeichendeuter aus dem Land vertrieben, als er im Angesicht einer sich zusammenbrauenden Heeresmacht der Philister flugs den Rat einer Spiritistin einholt (1. Samuel 28,3–25). Die Geschichte von Sauls Besuch bei der Totenbeschwörerin von En-Dor schildert sehr eindrücklich die Auseinandersetzung des Jahwe-Glaubens mit dem Okkultismus.

Saul hat zwei starke Motive, das Verbotene zu tun: Er hat furchtbare Angst vor den Philistern, und er erhält von Gott keine Antwort. Also sucht er nach etwas, das besser „funktionieren" könnte als der Glaube an einen schweigenden Gott. Es ist die typische Situation, in der

Okkultismus interessant wird. Ein Mensch braucht Rat und Hilfe, weil er sein Leben bedroht sieht, aber Gott entzieht sich einem magischen Zugriff, lässt sich nicht zu einer Antwort bewegen.

Saul weiß, dass trotz seines Verbotes noch Okkultisten im Lande sind. Die Motive für okkulte Handlungen sind offenbar sehr stark, so dass der Okkultismus nicht auszurotten ist. (Das hat auch eine sogenannte wissenschaftliche Weltanschauung sozialistischer Regime nicht vollbracht.) Er verkleidet sich, bestimmt nicht nur zur Tarnung, sondern auch weil er sich schämt und vor Gott verbergen möchte. Der Einstieg in den Okkultismus ist wohl immer mit Gewissensbissen verbunden, wenn dabei Weisungen Gottes übertreten werden.

Die Totenbeschwörerin, also Spiritistin, versteht ihr Handwerk. Wie eine gute Wahrsagerin schließt sie aus der Person, die da kommt, und der Frage, die sie stellt, sofort auf die Identität Sauls. Das ist noch nicht okkult, sondern einfach gut kombiniert. Was dann folgt, ist allerdings eine spiritistische Séance par excellence. Die Wahrsagerin betätigt sich als Medium und sieht den Geist Samuels heraufkommen. Sie beschreibt seine Gestalt und vermittelt seine Botschaft. Es ist eine Todesbotschaft.

Saul bricht zusammen und gerät in große Furcht. Das ist wohl weniger das Okkultismussyndrom als vielmehr die Einsicht, dass ihm die Wahrheit gesagt und seine tiefsten Befürchtungen bestätigt wurden: Gott hat sich von ihm abgewendet, seine Niederlage und sein Tod stehen bevor. Es hat allerdings schon etwas mit den Folgen okkulter Praktiken zu tun. Sie können einem Menschen seine tief sitzenden Ängste bewusst machen, etwas aus dem Unbewussten hervorholen. Damit bleibt er dann allein. Das kann wie ein Todesurteil wirken.

Interessant an der Geschichte von Saul bei der Totenbeschwörung sind vor allem folgende Aspekte:

1. Es wird kein Zweifel daran gelassen, dass es sich um einen okkulten Vorgang handelt. Das, was Saul tut, fällt unter das Verbot Gottes. Er selbst hatte die Vertreibung von Okkultisten durchgesetzt. Der Okkultismus blüht aber im Untergrund weiter. Er wird als Phänomen nicht geleugnet.

2. Die Schilderung des Vorgangs lässt uns heute sofort an eine spiritistische Interpretation denken. Der Geist eines Verstorbenen wird aktiviert und befragt. Erstaunlich, dass diese im modernen Spiritismus (seit Mitte des 19. Jahrhunderts) übliche Sicht bis in Details hinein in alttestamentlicher Zeit wieder zu finden ist. Es ist aber nicht die Vorstellung von einer Seele, die sich nach dem Tod vom Körper löst und weiterexistiert, sondern die Vorstellung, dass die Verstorbenen in das Totenreich, die Scheol, hinabsteigen und dort eine Art Schattendasein führen (z. B. Hesekiel 32,18; Psalm 115,17; Psalm 139,8), die im alttestamentlichen Kontext eine „spiritistische" Interpretation der Szene zulässt.

3. Eine spiritistische Interpretation ist aber nicht unbedingt zwingend. Die Frau, zu der Saul geht, könnte auch eine exzellente, psychologisch einfühlsame und politisch wache „Wahrsagerin" gewesen sein. Sauls Identität erschließt sie bereits aus den Umständen (sein verkleidetes Auftreten, die offensichtliche Angst, die Frage nach Samuel, die bedrohliche politische Lage, die sie sicher kennt). Sie könnte nun eine eindrucksvolle spiritistische Performance inszeniert haben, wie das moderne Spiritisten zuweilen auch tun. Die Stimme Samuels ist ihre eigene, da sie ja als Medium fungiert. Die Botschaft ist auch ihre eigene, gewonnen aus einer sauberen politischen und psychologischen Analyse der Situation.

4. Die Intention der biblischen Geschichte ist es nicht, das Problem des Okkultismus zu reflektieren. Von daher wird die Frage nach der spiritistischen Interpretation der Szene zweitrangig. Wichtig ist allein die Botschaft, die Saul erhält. Sie erweist sich als echte Prophetie. Allerdings mußte sie den Umweg über das spiritistische Szenario nehmen, da sich Gott dem Saul weder durch Träume, noch durch Los oder Propheten mitteilte (V.6). Im Grunde wird nur eine frühere Prophetie Samuels bestätigt: Das Königtum wird von Saul genommen und David gegeben werden. Überraschenderweise ist es nun *Gottes Wort*, das über die Lippen der Spiritistin kommt. Da Saul überzeugt ist, dass Samuels Totengeist dahinter steht, hat es für ihn auch göttliche Autorität.

5. Im Nachgang zu der okkulten Szene wird keinerlei Kritik an dieser offensichtlichen Gebotsübertretung laut. Saul ist nicht wegen okkulter Betätigung verurteilt worden, sondern wegen Ungehorsam gegenüber Gottes Weisung in der politischen Amtsführung (1. Sam. 15). Im Gegenteil, der Schluss der Geschichte nimmt die Bedrückung der dunklen, okkulten Szene: Die Wahrsagerin schlachtet ein gemästetes Kalb, bäckt ungesäuertes Brot und hält mit Saul und seinen Leuten ein Mahl. Es folgt keine Strafe Gottes. Die okkulte Szene ist Teil der Lebensgeschichte Sauls, über der Gott, der Herr, mit Segen und Gericht waltet. Der praktizierte Okkultismus ist keine Bedrohung Gottes, er ist lediglich ein Zeichen dafür, wie weit sich Saul von Gott entfernt hat. Aber auch in dieser Entfernung gelangt Gottes Wort zu ihm.

Für die Beurteilung des Okkultismus durch den alttestamentlichen Gottesglauben ist diese Geschichte insofern aufschlussreich, als hier deutlich wird, dass Gottes Verbot, sich mit okkulten Praktiken einzulassen, nicht etwa die Existenz und Gefährlichkeit okkulter

Mächte beweist. Der souveräne, einzige Gott wird nicht durch Geister bedroht. Aber der Mensch, sein Geschöpf, unterliegt einer ständigen Bedrohung: den Glauben an den einen Gott zu verlieren und lieber nach anderen Sicherheiten für das Leben und besser funktionierenden Orakeln Ausschau zu halten. Das Okkultismusverbot hat seinen Grund im ersten Gebot. Das Bilderverbot und das Gebot, Gottes Namen nicht zu missbrauchen, stehen damit in engem Zusammenhang. Es ist die Frage nach der „Weltanschauung", die das Leben eines Menschen bestimmt. Von welchen Mächten und Kräften lässt er sich beeinflussen? Wer bestimmt Denken und Handeln? Das soll nur Gott, der Herr, allein.

„Höre, Israel, der Herr ist unser Gott, der Herr allein. Und du sollst den Herrn, deinen Gott, lieb haben von ganzem Herzen, von ganzer Seele und mit all deiner Kraft" (5. Mose 6,5).

Dieses grundlegende Bekenntnis Israels, erweitert um das Gebot der Nächstenliebe, bezeichnet Jesus als die Zusammenfassung der Gebote (Matthäus 22,34–40). Psychologen würden sich zwar dagegen wehren, Liebe als Forderung zu formulieren. Doch muss man beachten, dass die Liebe Gottes zu uns Menschen dieser „geforderten" Liebe vorausgeht. Zudem kann das „sollst" (wie bei den Geboten des Dekalogs) im Hebräischen auch „wirst" bedeuten. Dann wäre Liebe als Antwort auf das vorangehende Heilshandeln Gottes gemeint. So verstanden geschieht Gottes Warnung vor okkulten Machenschaften aus Liebe. Eine Weltanschauung, die Mächten neben Gott Raum gibt, über Heil oder Unheil zu bestimmen, entfernt die Menschen von Gott. „Worauf Du nun Dein Herz hängest und verlässest, das ist eigentlich Dein Gott", sagt Luther in der Erklärung zum ersten Gebot im Großen Katechismus. Die Hinwendung zum Okkulten *anstelle* der Ausrichtung meiner Sinne auf Gott wird gleichgesetzt mit der Hinwendung zu anderen Göttern – die letztlich nur ihre Gottheit vorgaukeln.

Es geht also um die Abhängigkeit von dem, was okkulte Praktiken an Sicherheiten, Voraussagen, Sinn, Lebensorientierung, Kräfteentfaltung vorgaukeln. Es geht nicht um die Handlung an sich. Okkultes Spiel kann durchaus Spiel bleiben. Ein okkult verkleidetes Zauberkunststück ist keine Gebotsübertretung. Das Beiwohnen einer spiritistischen Sitzung zieht nicht die Strafe Gottes nach sich. Die entscheidende Frage bei allem ist: Bleibt Gott der Herr?

Im Alten Testament finden sich durchaus Stellen, an denen okkult anmutende Vorgänge geschildert werden, die keinerlei Kritik unterliegen. Im Gegenteil – sie stehen im Dienst des Gottesglaubens. Erinnert sei z. B. an die Errichtung der „ehernen Schlange" (4. Mose 21,4–9), die nur als Abwehrzauber zu verstehen ist. Wer von den Israeliten von einer Giftschlange gebissen wurde, braucht das Standbild nur anzusehen und erleidet keinen Schaden.

Im zweiten Buch Mose (7,8–13) wird davon berichtet, wie Mose und Aaron die Freilassung des Volkes vom Pharao fordern. Sie bedienen sich eines Zaubers, um sich vor dem Pharao durch ein Wunder auszuweisen: Aaron wirft seinen Stab auf den Boden, und er wird zur Schlange. Daraufhin bietet der Pharao seine Zauberer auf, sie werfen alle ihre Stäbe hin, die sich in Schlangen verwandeln. Aarons Schlange verschlingt diese allerdings. Damit ist erwiesen, wer der Herr ist. Dieser Zauber geschieht im Auftrag Gottes.

An „automatisches Schreiben" erinnert die im Buch Daniel (Kapitel 5) beschriebene Szene. Während eines ausgelassenen Festgelages am Hofe Belsazars erscheint eine wie von Geisterhand geschriebene Schrift an der Wand, die den angetrunkenen Herrscher blass werden lässt: Es ist das berühmte Menetekel, das ihm den Untergang voraussagt. Daniels Auslegung lässt keinen Zweifel: Es ist eine Prophetie, die nur der deuten kann, der an Gott als den Herrn der Geschichte glaubt.

Auch in der Geschichte von Jakobs Kampf am Jabbok (1. Mose 32,23–53) wird sehr freizügig mit älterem, okkultem Überlieferungsmaterial umgegangen. Die geheimnisvolle Gestalt, die mit Jakob ringt und in der er dann im Nachhinein Gott erkennt, mag der alte Mythos eines Flussgeistes gewesen sein, der über die Furt wacht.

Bei all diesen Beispielen ist eines klar: Für die Erzähler besteht kein Zweifel daran, dass Gott handelt oder dass Menschen im Auftrag Gottes handeln und sich in der scheinbar okkulten Handlung nur seine Macht erweist. Die Machtfrage ist geklärt, es gibt keine konkurrierende okkulte Macht neben Gott.

Das soll uns nochmals die Erkenntnis bestätigen: Okkulte Handlung ist nicht gleich Okkultismus im Sinne einer Lebenshaltung oder Weltanschauung. Die Geister sind zu prüfen und zu unterscheiden. Okkultismus, den Gott verbietet, ist nun wirklich „Bindung" an etwas, das von Gott trennt.

Dieser Sachverhalt kann am besten anhand neutestamentlicher Überlieferungen gezeigt werden. Hier wird nicht so unbekümmert mit „okkultem Material" umgegangen, wie es zum Teil im Alten Testament geschieht. Sehr wahrscheinlich hängt das mit der Kenntnis und Abwehr von hellenistischen Mysterienreligionen zusammen, die alle esoterisch-okkulte Züge aufweisen und von denen sich der christliche Glaube scharf abgrenzt. Selbst der getaufte „Zauberer" Simon, der sein Repertoire um ein paar christliche Wunder bereichern möchte – gegen Bezahlung, selbstverständlich –, zieht den Zorn der Apostel auf sich (Apostelgeschichte 8,9–24). In den Wundern, die aus Gottes Geist heraus getan werden, wird allein Gottes Herrlichkeit offenbar. Jedem Verdacht, dass es sich um okkulte Fähigkeiten handeln könnte, wird sofort entgegengetreten.

Dazu kommt, dass für das späte Judentum und den Hellenismus die Vorstellung von Dämonen und Geistern zum Weltbild gehörte. Viele Erfahrungen von Krankheit und „Besessenheit" wurden auf das Wirken von dämonischen Kräften zurückgeführt. Das lässt sich eindrücklich an Heilungen und Exorzismen Jesu zeigen, wie zum Beispiel an der Geschichte von der Heilung des besessenen Geraseners (Markus 5,1–20). Das Erzählmaterial für diese Geschichte bildete eine frühere Überlieferung. Exorzismusgeschichten sind aus der Umwelt Jesu bekannt. Wir erfahren von einem Menschen, der offensichtlich nicht zu bändigen ist und deshalb in Grabhöhlen vor der Stadt lebt (V.3). Sein Verhalten erscheint gemeingefährlich und selbstzerstörerisch (V.4 f). Im Gespräch mit Jesus wird klar, dass der Mensch nicht für sich spricht, sondern dass aus ihm „etwas" spricht, dass sein Ich gefangenhält. Er ist besetzt, besessen. Dieses Etwas bekommt in der Szene Gestalt: Es ist ein aus vielen (Tausenden?) bestehender Dämon. Er kann sprechen, wird also personifiziert vorgestellt. Er verhandelt mit Jesus, da er sich von vornherein der Machtverhältnisse bewusst ist. Er möchte weiterhin in dieser Gegend sein Unwesen treiben, würde sich aber mit einer neuen Behausung in Form der anwesenden Schweineherde zufriedengeben. – Auch dieser Umstand, dass der Dämon mit dem ihm überlegenen Exorzisten verhandelt, ist aus antiken Geschichten bekannt. – Jesus gewährt ihm die Bitte, die Geister fahren in ca. 2000 Schweine, und diese stürzen sich ins Meer. Damit hat der Spuk ein Ende, der Dämon ist vernichtet. Jesus hat sich als souveräner Herr über die bindende Macht erwiesen. Er hat sich nicht auf die Ebene eines spektakulären Kampfes mit dem bösen Geist begeben, wie es uns in manchem Exorzismus-Film vorgemacht wird, sondern sein Wort hat genügt. Er ist Gottes Sohn.

Der Evangelist Markus hat kein Interesse daran, uns Stoff für antike Okkult-Thriller zu liefern. Er verkündigt mit dieser Geschichte Jesu Macht auf mehreren Ebenen.

Auf der ersten Ebene geht es um einen Menschen, der nicht Herr über sich selbst ist, sondern völlig fremdgesteuert wird. Krank, besetzt, besessen – das sind Worte, die diesen Zustand zu fassen versuchen. Die Begegnung mit Gottes Sohn macht ihn gesund. Er wird zum Menschen, wie ihn Gott bestimmt hat: Geschöpf Gottes und verantwortlich für den ihm übertragenen Bereich der Schöpfung. So wird er zum Verkünder des Evangeliums (V.20).

Die zweite Ebene spricht die Mission im Bereich des Heidentums an. Die anwesende Schweineherde verdeutlicht, dass es sich um ein Gebiet handelt, in dem viele Heiden leben. Das Schicksal der Schweineherde verbildlicht durchaus den Umstand, dass Jesu Wirken (okkultes?!) Heidentum vertreibt. Damit sind natürlich nicht die Heiden als Menschen gemeint. Ihnen soll das Evangelium verkündigt werden, wie es der Geheilte im Raum der Dekapolis tut. Damit ist die Geschichte auch eine Ermutigung zur Heidenmission.

Die dritte Ebene ist eine politische. Der Name des Dämons „Legion" kann für jüdische Ohren auch nach „Legionär", also römischer Besatzungsmacht, klingen. Die Römer hatten – genau wie die Tausende von Geistern – nicht die Absicht, das Land zu verlassen. Dass diese in eine Schweineherde fahren und mit ihr untergehen, ist schon fast eine politische Satire. Darin findet die Hoffnung Ausdruck, dass mit Jesus der Erlöser aus der Fremdherrschaft gekommen ist.

Die Interpretation dieser Geschichte macht deutlich, dass hier keine Dämonenlehre vermittelt wird, schon gar nicht der Glaube an Dämonen gefordert wird. Der Evangelist Markus benutzt Erzählmaterial, das vom Weltbild seiner Zeit geprägt ist. Anhand dieses Materials verkündigt er Jesus als den dreifachen Befreier: Er befreit den einzelnen Menschen aus unheilvoller, entmenschlichender Bindung; er befreit das Gottesvolk vom Heidentum, und er befreit das Land des Gottesvolkes von der Fremdmacht. Die Geschichte ist somit auch für eine symbolische Deutung offen, die z. B. danach fragt, wie „Besessenheit" oder „besetzt sein" heute von Menschen erfahren wird. Dazu kann durchaus eine okkulte Bindung gehören. Der Glaube an den einen Herrn der Welt kann aus dieser Bindung befreien. Okkultismus im beschriebenen Sinn ist Teil der Wirklichkeit dieser Welt, auch wenn ein Dämonenglaube in personifizierter Form nicht zu unserem Weltbild gehört. Er wird vom Evangelisten nicht gefordert.

Wir können also wie beim Alten Testament feststellen: Okkultistische Interpretationen, also die Erfahrung, dass Menschen von fremden „Mächten" beeinflusst werden oder gar besetzt sind, gehören zur Wirklichkeit. Jedoch wird nun radikaler mit dieser Wirklichkeit umgegangen. Wo Jesus auf solche bindenden und entmenschlichenden Kräfte trifft, erweist er sich als der souveräne Herr und Erlöser. Damit ist tatsächlich eine Kontroverse angesagt: Okkultismus und der Glaube an den einen Herrn der Welt stehen im Widerspruch zueinander, weil der Mensch nur von einem Herrn „schlechthin" abhängig sein kann. Somit kann es auch keinen „okkulten" christlichen Glauben geben. Alle okkulten Elemente, die sich aus Traditionen der Volksfrömmigkeit herleiten, sind genau zu prüfen, ob sie zu tolerieren sind oder vom Glauben wegführen.

4. Wie wir mit Okkultismus umgehen sollten

Wer mit Kindern und Jugendlichen zu tun hat, fragt sich oft, was er angesichts des verbreiteten okkulten Experimentierens tun kann. Vor allem ist es die Sorge, die Betreffenden vor Schaden zu bewahren, die solche Überlegungen fördert. Andererseits ist es auch eine Aufgabe, die sich aus dem christlichen Glauben ergibt. Auch für nüchtern denkende Menschen, die ein Weltbild voller Geister und Dämonen ablehnen, liegen die Gefahren okkulter Betätigung auf der Hand. In Form von Abhängigkeit, Desorientierung, Angstbesetzung, psychischer Labilität, Zerstörung und Selbstzerstörung entfalten sich dunkle Mächte, die durchaus in ein modernes Weltbild passen. Sie gehören zu den Mächten, gegen die Jesus angetreten ist. Verbreiteter Okkultismus ist immer auch ein Zeichen dafür, dass Menschen sich von Gottes Heilsbotschaft entfernen und anderswo ihr Heil suchen. Insofern ist es eine legitime Haltung, wenn Christen den Okkultismus nicht in vermeintlicher Toleranz zur pluralistischen religiösen Szene rechnen, sondern ihm widerstehen.

Beim praktischen Umgang mit dem Okkultismus sollte zwischen präventivem Handeln und begleitendem Handeln unterschieden werden. Dieses geht mit zwei Hauptintentionen einher: einer „aufklärerischen" und einer seelsorgerlichen.

a) Wie die empirischen Untersuchungen zeigen, ist zwar die Neugier von Kindern und Jugendlichen in Bezug auf okkulte Phänomene groß, aber sie sind nur ungenügend informiert. Deshalb sollen sich die Kinder und Jugendlichen unter dem Gesichtspunkt der Bildung mit Motiven, Phänomenen, Mechanismen und Wirkungen des Okkultismus auseinander setzen. Dazu gehören:

- Sachinformationen zu den okkulten Praktiken,
- Überlegungen zu den Motiven, die Menschen zur Beschäftigung mit Okkultismus führen,
- Aufklärung über Wirkungen und Folgen okkulter Praktiken, vor allem für die psychische Stabilität des Einzelnen und für die zwischenmenschlichen Beziehungen,
- Deutungen der Weltbilder, die hinter okkult-spiritistischen Anschauungen stehen, und Vergleich mit einer christlichen Sicht der Welt und des Menschen.

Das didaktische Ziel, das sich mit dem Bildungsanliegen verbindet, ist ein präventives. Die Kinder und Jugendlichen sollen ihre Neugier mit sachlich guten Informationen befriedigen, dem Unbekannten und Aufregenden angstfrei begegnen, sich aber der potentiellen Gefahren bewusst sein; sie sollen die Unzuverlässigkeit und damit Gefährlichkeit der okkulten Zukunftsvoraussagen kennen und sie nicht zum Gegenstand ihres Glaubens machen. Die Unvereinbarkeit mit dem christlichen Glauben wird herausgearbeitet. In der Summe soll das dazu führen, dass sich die Kinder und Jugendlichen den okkulten Praktiken nicht zuwenden, sondern im christlichen Glauben Orientierungen für ihr Leben suchen. Diejenigen, die spielerischen Umgang mit dem Okkultismus hatten, sollen sich ohne Angst davon abwenden können. Für die Neugierigen wird die Faszination des scheinbar Zauberhaften entzaubert.
Es wird zuweilen eingewandt, dass eine solche aufklärerische Beschäftigung mit okkulten Phänomenen geradezu die Neugier der Kinder und Jugendlichen wecken könnte und damit erst zum Einstieg in die Szene wird („Die Geister, die ich rief ...").
Dazu ist zu sagen, dass diese Gefahr kaum besteht, wenn verantwortlich mit der Thematik umgegangen wird. Bildung und Erziehung haben es oft mit der Vorbereitung auf und der Bewältigung von gefährlichen Situationen zu tun. Das beginnt beim Laufenlernen von Kleinkindern, geht über das Lernen des Umgangs mit dem Feuer und setzt sich fort bis hin zu Herausforderungen unserer Kultur, z. B. dem Lernen des Umgangs mit Massenmedien. Es ist unmöglich, die Kinder einfach von diesen Gefahrenpotentialen des Alltags fern zu halten. Sie müssen vielmehr den Umgang damit lernen. Dabei setzt man sie natürlich einer gewissen Gefahr aus, die um so geringer ist, je genauer deren Zusammenhänge bekannt sind. Beim Okkultismus liegt die Gefahr nicht im Erlernen von Techniken. Geister erscheinen nicht auf Anruf, sondern durch den Glauben an sie. Genau

diese Zusammenhänge und Hintergründe müssen den Kindern und Jugendlichen verständlich werden. Eine gewisse Nüchternheit ist also angebracht, damit die Phänomene nicht interessanter gemacht werden als sie sind. Dazu gehört auch, keine Angst vor der Gefahr zu erzeugen, sondern die eigentliche Gefährlichkeit so darzustellen, dass man mit ihr umgehen lernt. Das bedeutet, die okkulte Praktik so zu durchschauen, dass die Mechanismen, die zur Abhängigkeit führen, bewußt gemacht und daher steuerbar werden.
Praktische Beispiele finden sich im Materialanhang ab Seite 44.

b) Die beschriebene aufklärerische Intention wird für die Mehrzahl der Kinder und Jugendlichen angemessen sein und hat ihren Ort in Bildungsvorgängen von Schule und Gemeinde. Jedoch wird sie immer dann wirkungslos bleiben, wenn es für eine Prävention zu spät ist, das heißt, wenn einzelne Kinder und Jugendliche so intensiv mit okkulten Praktiken umgehen, dass sie davon abhängig werden. „Intensiv" meint dabei eine quantitative und eine qualitative Seite: Es kann die Häufigkeit des Praktizierens sein, das zum Ritual geworden ist, und es kann die psychische Wirkung sein, meist in Form von Angstbesetzung oder Unfähigkeit, autonome Entscheidungen zu treffen. In diesem Falle besteht eine Abhängigkeit von der okkulten Praktik, die sich mit dem Glauben an eine übersinnliche oder geisterhafte Kraft verbindet, die mein Leben bestimmt. Es liegt also eine spiritistische Interpretation der Erfahrungen vor. Unabhängig von der realen Existenz einer solchen Kraft stimmt diese Wahrnehmung der betreffenden Person. Sie fühlt sich fremdbestimmt, das eigene Ich als Entscheidungsinstanz ist „besetzt". Diese Empfindung macht die Person für aufklärerische Bemühungen unzugänglich. Es ist eine seelsorgerliche Begleitung nötig.

Als Erstes ist eine ausgeprägte Sensibilität nötig, um zu erkennen, wann Abhängigkeiten einzelner Kinder und Jugendlicher so stark sind, dass über okkulte Vorgänge nicht mehr distanziert gesprochen werden kann. Es nützt dann nichts, die Wirkungslosigkeit einer okkulten Praktik zu demonstrieren oder das falsche Weltbild des Spiritismus zu kritisieren. Der betreffenden Person müssen Hilfen gegeben werden, ihre Situation zu erkennen, begründete und unbegründete Ängste zu thematisieren, bereit zu werden, mit Vertrauenspersonen ins Gespräch zu kommen. Das ist eine entscheidende Haltung im Vorfeld der Seelsorge, die Annahme signalisiert, auf Be- und Verurteilung des Jugendlichen verzichtet, wohl aber die Beurteilung der okkulten Praxis darlegt.

In der Seelsorge wird der christliche Glaube als Kraft zur Befreiung aus okkulten Abhängigkeiten thematisiert, wobei dem zerstörerischen Wesen okkulter Fremdbestimmung der Kampf angesagt wird, dem betroffenen Menschen aber mit annehmender und vergebender Liebe begegnet wird. Letztlich geht es darum, mit dem Betroffenen zusammen (wieder) glauben zu lernen, glauben an die erlösende Macht Gottes. Wenn die eigentliche Gefahr des Okkultismus im Glauben und nicht im Praktizieren liegt, dann kann eine befreiende Hilfe auch nur über neue Glaubensangebote geschehen.

Wie das im Einzelnen zu bewerkstelligen ist, hängt sehr von der konkreten Person und Situation ab. Zunächst sollte Rat bei erfahrenen Menschen gesucht werden. Die Kirchen haben Ansprechpartner für „Weltanschauungsfragen", aber auch Eltern- und Betroffeneninitiativen leisten sachkundige Hilfe. Eine seelsorgerliche Begleitung basiert in jedem Falle auf einer langmütigen, bedingungslos annehmenden Liebe. Abzulehnen sind mehr oder weniger spektakuläre „Exorzismen", von denen man zuweilen in den Medien hört. Sie sind in den meisten Fällen nichts als verantwortungslose Stümperei, die noch viel mehr Schaden anrichten kann als die okkulte Betätigung. Sehr wohl kann ein lossprechendes Wort am Ende einer intensiven seelsorgerlichen Begleitung hilfreich sein und dem oder der Betroffenen in eindeutiger Klarheit Gottes Vergebung und Annahme mitteilen. Ein Exorzismus darf jedoch nicht selbst als okkulte Handlung betrieben werden, nämlich in dem Glauben, dass nun der eine (gute) Geist den anderen (bösen) austreibe. Zu schnell wird dann der Teufel mit Beelzebub ausgetrieben (vgl. Lukas 11, 15 u. a.).

Von den seelsorgerlichen Bemühungen sind psychotherapeutische zu unterscheiden, die immer dann angebracht sind, wenn ein Mensch von seinen okkulten Betätigungen ernsthafte psychische Schäden davongetragen hat (z. B. eine Angstfixierung oder eine sogenannte „mediumistische Psychose", die einer Schizophrenie ähnelt, weil die betreffende Person infolge einer Desintegration des Ichs tatsächlich „Geisterstimmen" hört oder sich von „Geistern" umgeben fühlt). In diesen Fällen muß die Hilfe einer/eines erfahrenen Therapeutin/Therapeuten in Anspruch genommen werden.

In den meisten Fällen sind glücklicherweise solche Störungen mit Krankheitswert nicht gegeben. Deshalb ist eine seelsorgerliche Begleitung wohl das wirksamste Mittel, um Jugendliche vor möglichen gravierenden Folgen okkulter Betätigung zu bewahren. Wenn Okkultismus ein Ausdruck von Suche nach Sinn, Vergewisserung, Glück, Gesundheit, Überwindung von Lebenskrisen ist, dann hilft nur die Gewissheit weiter, dass dies alles im christlichen Glauben zu finden ist – und zwar nicht als Illusion, sondern durch die geschichtliche Offenbarung Gottes bestätigt. Seelsorge an okkult Belasteten wird daher mit Verkündigung und Einübung in christliches Leben einhergehen. Sie wird auch nur dann funktionieren, wenn eine Gemeinschaft da ist, die die Betreffenden trägt. Für Jugendliche ist die Ausübung okkulter Praktiken fast immer an eine Gruppe gebunden, die einen wichtigen Sozialisationsfaktor darstellt. Steigt einer oder eine aus der Okkult-Szene aus, dann verliert er/sie auch diese soziale Bindung. Das ist vor allem bei satanistischen Gruppen gravierend (s.u.). Der Ausstieg wird nur gelingen, wenn eine neue (christliche) Gruppe bereit ist, den oder die Betreffende aufzunehmen und ihm/ihr die Sinngebung des Glaubens durch Lebensvollzüge zu vermitteln. Es ist letztlich eine Anfrage an die kirchliche Jugendarbeit, ob sie diese Seelsorge durch *Offenheit* (das heißt: Annahmebereitschaft, auch wenn die Betreffenden möglicherweise anfänglich schwierig sind) und *Konkretion* (das heißt: Lebensvollzüge, in denen die froh machende und vergewissernde Botschaft des Evangeliums aufscheint) mittragen kann. Das schließt auch religionspädagogische Momente ein, denn der Unterschied zwischen okkultistischer Vergewisserung und Vergewisserung durch den christlichen Glauben muss auch dem Verstand einleuchten. Hier wird es wesentlich um die Erschließung der Heiligen Schrift als geschichtliche Offenbarung Gottes gehen, die Gott als den lebendigen und wirkenden Herrn der Welt bezeugt.

Die Überlegungen zu den Bildungsaspekten und zur seelsorgerlichen Arbeit hinsichtlich des Okkultismus zeigen, dass diese Aktivitäten nicht isoliert betrieben werden können. Okkultismus bedeutet (in ernst zu nehmenden Ausprägungsformen) eine Glaubens- und Lebenshaltung, die nur ganzheitlich zu erfassen ist und auch nur ganzheitlich durch das Angebot einer anderen Glaubens- und Lebenshaltung zu überwinden ist.

Ähnlich, aber in der Erscheinungsform oft krasser, stellt sich die Situation beim Satanismus dar.

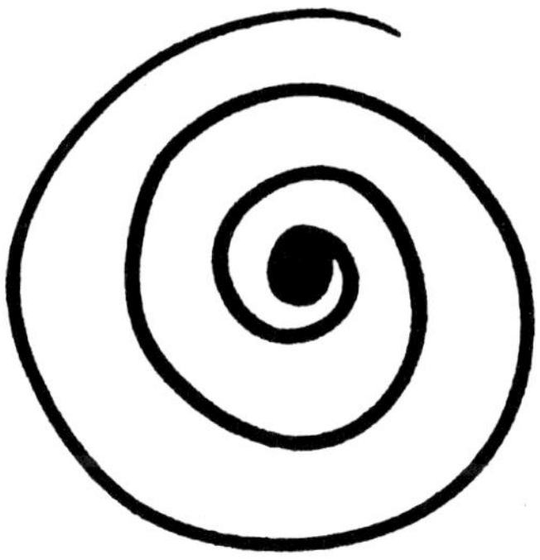

Eine junge Frau berichtet, wie sie nach vorangegangenen Kontakten zur Okkultszene Satanspriesterin wurde.

„Das erste Mal wurde ich auf eine Fete eingeladen. Dort traf die ‚Meute' zusammen. Die ‚Meute' umfaßt alle Anhänger der sieben Priester, die die schwarzen Messen abhalten. Diese Feten waren mit unheimlicher Musik untermalt, und auch Drogen wurden gereicht. Die Meute bestand aus etwa 100 Leuten. Alles war sehr berauschend und aufregend, ausgefallenes Publikum und ausgefallenes Verhalten. A. war der Chef des Ganzen, der Hohepriester.

Nach einigen Wochen sollte ich dann in den Siebener-Kreis der Priester aufgenommen werden. Ein schneller Aufstieg. Inzwischen war ich auch mit einem anderen Satanspriester liiert, mit dem ich, als ich 18 wurde, dann zusammenzog.

Nach und nach wurde ich in die Satanslehre eingeführt. Und alle zwei Wochen fand eine schwarze Messe statt. Zu jeder Messe gab es ein bestimmtes Thema: entweder wurde ein magisches Ritual vollzogen, womit einer Person geschadet werden sollte, oder es wurden christliche Symbole geschändet (Hostie zerstechen und in Schweineblut tauchen, dann verzehren), oder es wurde eine christliche Messe rückwärts abgehalten, oder es wurde eine Opferung vorgenommen (vorwiegend schwarzes Geflügel). ... Das einzige, das einen gewissen Reiz ausübte, war die Machtposition, die ich nun hatte. Die Meute gehorchte mir, und ich befand mich im Bündnis mit einer geheimnisvollen

Kraft, die einiges bewirken konnte, zumindest Angst machen."[5]

Im Unterschied zum Okkultismus machen satanistische Aktivitäten eher Schlagzeilen in den Massenmedien. Das hängt einerseits mit den Folgen solcher Handlungen zusammen: Sie sind oft Ekel erregend, grausam oder gar kriminell. Andererseits mag dafür auch eine gewisse Angst vor dem Satanischen eine Rolle spielen, die mindestens unterschwellig in uns steckt. Wir leben in einer christlich geprägten Kultur, die auch in ihrer säkularisierten Form das Gute Gott, dem Himmel, dem Oben, dem Licht (als religiöse Symbolik) zuschreibt, während das Böse im Unten, in der Finsternis, beim Teufel oder Satan lokalisiert wird. Selbst aufgeklärte Menschen, denen die Vorstellung eines leibhaftigen Teufels fremd ist, kennen die Realität des Bösen. Die Erfahrung, dem Bösen oft machtlos ausgeliefert zu sein, schürt die Angst und bestärkt die Vorstellung, dass dahinter eine eigene Wirkungsmacht steht.

Dass Satanisten unter uns sind, erfahren wir:

A Durch das Äußere von Jugendlichen, die satanistische Symbolik an sich tragen. Das sind dunkle Farben, vorwiegend schwarz, auch schwarz-rot und schwarzweiß im Kontrast, umgekehrte lateinische Kreuze oder kopfstehende Kruzifixe, der kopfstehende (auf einer Spitze stehende) fünfzackige Stern (Pentagramm, „Drudenfuß"), Bocksgesichter oder Fratzen mit Bockshörnern, die Zahl 666, Slogans oder geheimnisvolle Abkürzungen, wie z. B. AC/DC, das in der Satanistensprache nicht für engl. „Wechselstrom/Gleichstrom" steht, sondern für „Anti-Christ/Death of Christ".
Jugendliche, die sich so präsentieren, müssen nicht zwangsläufig Satanisten sein. Die meisten von ihnen gehören eher zur sogenannten „Grufti-Szene", die sich mit Todessymbolik, vor allem schwarzer Farbe umgibt. Jedoch sind die Grenzen zwischen Gruftis und Satanisten fließend.

B Durch Meldungen der Massenmedien über Friedhofs- und Kirchenschändungen. Grabsteine werden umgeworfen, Kreuze umgedreht, heilige Geräte missbraucht oder entweiht. Oft findet man Spuren satanistischer Rituale (Teile geschlachteter Katzen oder Hühner, Feuerspuren, Blut). Auch hier kann es einen unterschiedlichen Hintergrund geben. Friedhöfe sind auch für Gruftis ein beliebter Versammlungsort. Werden jedoch christliche Symbole bewußt umgekehrt und geschändet, ist zumindest ein Bezug zur Satanszene vorhanden.

C Durch Meldungen über gequälte oder gar getötete Menschen und über sexuell missbrauchte Kinder oder Frauen, die sich auf satanistische Rituale zurückführen lassen. Hier offenbart sich die menschenverachtende Ideologie des Satanismus, der Ekel- und Hemmschwellen herabsetzt und mit dem Leitsatz „Tue, was du willst, sei das ganze Gesetz" das uneingeschränkte Recht des Stärkeren proklamiert.

D Nachrichten oder auch nur Vermutungen über Orden und Geheimbünde, die eine längere Tradition des Satanismus pflegen, eine in Satzungen gefasste Ideologie als Grundlage haben und unter dem Deckmantel der Geheimhaltung ihre Rituale ausüben, von denen man einiges weiß und manches nur vermuten kann. Offenkundig sind meistens Sexualpraktiken in der Tradition des Marquis de Sade („Sadismus"), während die Vermutungen über Kindesmisshandlungen und rituelle Tötungen schwierig zu beurteilen sind.

Um solche „satanistische Aktivitäten" einschätzen zu können, ist es zunächst einmal hilfreich, zwischen *Satanischem und Satanismus* zu unterscheiden. Satanisches begegnet uns (leider allzu oft) im Denken, Reden, Entscheiden und Handeln von Menschen. Das reicht von Alltag (Partnerschaft, Ehe, Familie) bis in Wissenschaft, Wirtschaft und Politik. In unserer deutschen Geschichte kennen wir ein ganz besonders dunkles Kapitel, das von einem satanischen Potential (un)menschlichen Denkens und Handelns zeugt: die Ideologie und Politik des Nationalsozialismus.

Satanismus, wie wir ihn hier beschreiben wollen, meint aber etwas anderes. Er hat durchweg mit dem satanischen Potential zu tun, ist aber nun tatsächlich eine Ideologie, ein Glaube oder eine ritualisierte Lebensform, die das Böse oder Satan zur anrufbaren Wirkungsmacht erklärt.

Von daher ist es nicht immer einfach, satanistische Aktivitäten, vor allem solche, die unter Jugendlichen vorkommen, wirklich dem Satanismus zuzuordnen. Wir werden unten noch eine genauere Definition versuchen. Für die Beschreibung von Phänomenen und Aktivitäten soll zunächst ein sehr weiter Begriff des Satanismus erlaubt sein.

Unter Jugendlichen begegnet uns meistens ein sogenannter „Protestsatanismus", d. h. eine Form des Einzel- und Gruppenverhaltens Jugendlicher, die Ausdruck von Protest gegen die etablierte Erwachsenenwelt ist. In der Jugendkultur sind immer wieder Wellen einer spezifisch geprägten Protesthaltung zu sehen, z. B. die Aussteiger- oder Hippiebewegung, ein Ableger davon die Jesus-People-Bewegung, die Free-Sex-Welle, dann an bestimmte Musikformen gebundene Haltungen (Pop-Generation, New Wave, Techno) und Gruppen, die eine deutlich von der Umwelt unterschiedene Identi-

5 Nach einem Aussteiger-Bericht von Sekten-Info e. V., zit. nach Thomas Klie, Okkultismus, Arbeitshilfen BBS 14, RPI Loccum 1992, S. 68

tät zum Ausdruck bringen (Punks, Skins). Während es früher dominierende Wellen gab, ist heute eher eine Differenzierung in viele Gruppen zu beobachten. Das entspricht der Pluralisierung und Individualisierung der Gesellschaft überhaupt.

Satanistische Formen der Jugendkultur sind zunächst einmal hier einzuordnen. Sie sind keineswegs eine dominierende Welle, fallen aber durch ihr Äußeres und durch Meldungen über Gewalttaten stärker auf. Einem Satanisten begegnen die Mitmenschen mit mehr Angst. Ein Hippie konnte nur die eigene kleinbürgerliche Lebensweise in Frage stellen. Ein Satanist dagegen stellt christlich geprägte Wertegefüge in Frage und schürt Ängste vor dunklen Mächten (vgl. Okkultismus) und dem Bösen schlechthin.

Bei genauerem Hinsehen ist es die Angst vor dem Satanischen im Menschen. Die Nachrichten über satanistische Aktivitäten führen immer Gewaltbereitschaft, Gewaltpotentiale, Menschenverachtung und Zerstörung vor Augen, die offensichtlich eine anthropologische Gegebenheit des Homo sapiens sind. Wir werden am Ende dieses Kapitels sehen, dass der Satanismus viel weniger mit dem Teufel zu tun hat als mit dem Menschen selbst.

So wird es auch verständlich, warum z. B. in Gerichtsverhandlungen anlässlich von satanistischen Aktivitäten die Frage nach dem Einfluss „des Satanismus" so schwer zu beantworten ist. Das oft zitierte Beispiel vom „Fall Sandro Beyer" aus Sondershausen verdeutlicht diese Tatsache.[6] Dass Schüler einen Mitschüler töten, ist eine furchtbare Möglichkeit menschlichen Handelns, vor der wir fassungslos stehen. Ob hier jedoch „der Teufel" seine Hand im Spiel hatte, ist eine Frage, die nur von einer bestimmten Weltanschauung oder von einem bestimmten Glauben her beantwortet werden kann. Gerichte müssen nach dem gültigen Gesetzeskodex entscheiden, und der bezieht sich auf menschliche Handlungen. Nur bei der Suche nach den Motiven für die Tat kann Satanismus als Möglichkeit einbezogen werden. Dann wäre zu fragen, ob es wirklich ein spezifisch satanistisches Motiv für kriminelle Handlungen gibt, das sich von Eifersucht, Geltungsstreben, Verzweiflung, Gewinnsucht, Fanatismus und all den anderen Motiven für Kriminalität unterscheidet. Das wird sich schwer nachweisen lassen, wenn es sich nicht eindeutig um satanistische Rituale handelt, in deren Folge Menschen (oder auch Tiere) geschädigt werden.

Wir müssen uns also im Folgenden auf die Frage konzentrieren, was bestimmte Formen des Jugendprotestes (z. T. verbunden mit Ritualen), bestimmte Formen krimineller Handlungen und organisierte Formen „satanistischer" (Geheim-)Bünde mit Satanismus, also dem Glauben und der Verehrung des personifizierten Bösen, zu tun haben. Damit hängt die Frage zusammen, wie ich die Vorstellung eines solchen personifizierten Bösen (Teufel, Satan, Luzifer, Seth, Tier, 666 u. a. Bezeichnungen) vom christlichen Glauben her deute.

6 Nachzulesen z. B. bei Liane v. Billerbeck u. Frank Nordhausen, Satanskinder, Der Mordfall Sandro B., Berlin 1994; auch bei Guido u. Michael Grandt, Schwarzbuch Satanismus, Augsburg 1995

Der Satanismus hat eine lange Geschichte. Wenn man darunter alle Aktivitäten versteht, die im Glauben an die Macht und unter Anrufung Satans (des Teufels) geschehen, dann könnte man bis in biblische Zeiten zurückgehen. Auch die Hexenverfolgungen im Mittelalter haben satanistische Züge, in jedem Falle sind sie satanisch. Es reicht jedoch für das Verständnis des modernen Satanismus, bestimmte Wurzeln auszumachen, die im 17. Jahrhundert nachweisbar sind. Es existieren Gerichtsprotokolle, die satanistische Messen am Hofe Ludwigs XIV. beschreiben. Hier haben wir das Muster aller „schwarzen Messen" vor uns, die von der Umkehrung der christlichen (katholischen) Messe leben. Sie werden zudem in magischer Absicht gehalten, z. B. um einer bestimmten Hofdame (namentlich die Marquise de Montespan) die Gunst des Königs zu sichern.

An der Schwelle zum 19. Jahrhundert begegnet uns die Beschreibung von schwarzen Messen im Werk des Donatien Alphonse François Marquis de Sade. De Sade thematisiert das Böse und ordnet die schwarze Messe hier ein. Er schildert Perversionen und Exzesse in bisher nicht gekannten Variationen und gibt damit seinen Namen („Sadismus") für die Bezeichnung quälerischer, menschenverachtender, oft mit sexuellen Perversionen verbundener Handlungen her. Höhepunkt ist die Schilderung einer schwarzen Messe im Vatikan in seinem Werk „Juliette".

Kurz danach tauchen im 19. Jahrhundert literarische Dokumente auf, die auf eine satanistische Szene im Untergrund der bürgerlichen Gesellschaft schließen lassen. Bekannt sind die Satanslitaneien von Charles Baudelaire[7] und der Roman „Là-bas" von Joris K. Huysmans[8].

Diese Entwicklungen müssen im Hintergrund gesehen werden, wenn wir den Satanismus des 20. Jahrhunderts verstehen und einordnen wollen.

Als „Chefideologe" des modernen Satanismus gilt nicht ohne Grund Aleister Crowley (1875–1947), dessen Lehren sich im Jugendsatanismus an vielen Stellen nachweisen lassen.

Seine Biographie zeugt von seinem besonderen Interesse an magisch-okkulten Dingen, aber auch von seiner ausgeprägten Freude an dem, was die Religion verbot. Er sah sich in der Rolle des Teufels, proklamierte sich als das Untier aus Offenbarung 13, organisierte seine satanistischen Rituale und schwarzen Messen innerhalb einer „Thelema-Abtei". Da er öffentlichkeitswirksam arbeitete, trug das einerseits zu seiner Verteufelung als „Obersatanist", andererseits aber auch zu einer Überschätzung seiner Rolle im Satanismus bei. Schon zu Lebzeiten beklagte er sich darüber, dass seine Lehren missverstanden würden. Allerdings geschah das nicht ohne sein Mittun, denn er gefiel sich sehr wohl in der Rolle des „Chefideologen" des Satanismus. So ist es nicht falsch, wenn wir viele Slogans des Jugendsatanismus auf ihn zurückführen. Allerdings werden sie hier meist in einer vergröberten Form und ohne Kenntnis des historischen Hintergrundes gebraucht.

Am bekanntesten ist das Crowley'sche Leitmotiv „Tue, was du willst". Er meinte damit eine Entfaltung des menschlichen Willens, eine Besinnung auf die im Menschen schlummernden Kräfte („Thelema" = griechisch Wille). Heute wird es meistens so verstanden, als solle jeder tun, was ihm beliebt. Es ist jedoch nicht einfach ein „anarchisches" Prinzip, sondern das Prinzip der Selbstverherrlichung: Bei Crowley steht der Mensch mit seinen Willensmöglichkeiten im Mittelpunkt. Wer nun diesen Willen gut entfalten kann, herrscht über andere. Zur Entfesselung des Willens dienen magisch-satanistische Rituale. Satan verkörpert den absoluten, mächtigen Willen.

Diese Ideologie steht gegen eine christliche Lebensweise, nach der der menschliche Wille und die von ihm ausgehenden Wirkungen immer daran gemessen werden, was Gott den Menschen von seinem Willen offenbart hat. Gottes Wille ist das Heil des Menschen. Da Gott den Willen des Menschen nicht bindet, ist es ein Akt der Entscheidung des Menschen, seinen Willen nach Gottes Willen auszurichten.

Kein Wunder, dass sich Crowleys Ideologie gut mit der klassischen Wurzel des Satanismus verbindet, näm-

7 In „Fleures du Mal" („Blumen des Bösen") von 1857
8 „Die schwarze Messe des Kanonikus Docre", in „Là-bas" („Tief unten") von 1891

lich die Glaubensinhalte und ethischen Werte des Christentums umzukehren.

Zu fragen ist also, wonach im Crowley'schen Sinne der Wille auszurichten ist. Mindestens seine heutigen Gefolgsleute tun das nicht nach der christlichen Gottesoffenbarung, sondern genau im Gegensatz zu ihr. Der Gegensatz verdichtet sich in dem auf christlichem Hintergrund gewachsenen Symbol des Satan. Damit werden die Kräfte der Zerstörung mobilisiert, welche Menschlichkeit und menschliche Gemeinschaft kaputtmachen. Der Schritt zum „Tue, was dir beliebt!" ist dann eine logische Konsequenz.

Der in Bünden und Orden organisierte Satanismus ist zunächst vom Protestsatanismus der Jugendkultur zu unterscheiden. Jedoch gibt es eine Grauzone der Überschneidungen. Zum Teil rekrutiert der organisierte Satanismus seinen Nachwuchs aus den Mitgliedern heraus. Jedoch zeigen bestimmte rituelle Formen des Jugendsatanismus, dass einzelne Jugendliche, die als Priester oder Priesterinnen fungieren, gut in die Rituale eingeweiht sind. Das ist zwar auch durch ein interessiertes Studium satanistischer Literatur möglich, geht aber ebenso auf den Einfluss satanistischer Bünde zurück. Auch neuere Gründungen satanistischer Orden, wie z. B. der „Thelema-Orden des Argentum Astrum" (1982, jetzt „Netzwerk Thelema") sind in dieser Grauzone anzusiedeln.

Die Gefahr besteht also, dass Jugendliche, die sich eher in einer satanistischen Randszene bewegen, unter den Einfluss organisierter satanistischer Vereinigungen geraten. Für sie wird es keine „satanistische Episode" ihrer Jugend sein, sondern zu einem persönlichkeitsverändernden Einfluss auf ihr weiteres Leben werden. Oft reizt die Jugendlichen die in den satanistischen Bünden propagierte und praktizierte ungezügelte Sexualität. Damit ist aber eine menschenverachtende und machtausübende Lebenshaltung verbunden, die vielleicht erst später erkannt wird. Ein Aussteigen aus den Organisationen ist schwer und bedarf oft der Hilfe von außen und der therapeutischen Nachsorge.

Ein oft diskutiertes Thema ist die Wirkung der in satanistischen Kreisen bevorzugten Musik: Formen des Heavy Metal, Black Metal, Death Rock u. ä. Die Musik für sich genommen ist eher Geschmackssache und in erster Linie für das physische Hörvermögen gefährlich. Doch viele Plattencover und die Präsentation von Bands, die diese Musik spielen, sind von satanistischen Symbolen gespickt. In den meisten Fällen dient dieses Outfit der Werbung und dem Absatz. Nur einzelne Bands oder deren Mitglieder bekennen sich offen zum Satanismus (s. angegebene Literatur).

Grauenvoll sind viele Texte dieser Musik. Sie enthalten Gewaltverherrlichung, Crowley'sche Philosophie und antichristliche Bekenntnisse, die aus dem historischen Satanismus entnommen sind. Man wird bei den meisten Jugendlichen unseres Sprachraumes annehmen können, dass sie diese – oft schnell und überlaut gekreischten und geröhrten – englischen Texte nicht verstehen. Sie erschrecken, wenn man ihnen Textübersetzungen zu lesen gibt. Dennoch muss man die Präsentation, den Text und die Musik als Einheit verstehen, die eine Botschaft transportieren: eine Botschaft des Grauens, der Gewalt, der Menschenverachtung und Zerstörung. Bis zu einem gewissen Grade ist die Zuneigung von Jugendlichen zu dieser Musik auch als Protesthaltung zu verstehen. An den Symbolen machen sie Erfahrungen, Sehnsüchte und Wünsche fest. Doch die Gefährlichkeit liegt in der nachhaltigen Wirkung, die diese Zusammenstellung von Symbolik, Rhythmik, Sprache und Bewegung hinterlässt. Sie liegt in der Abstumpfung von Gefühlen und Wahrnehmungen (vor allem als Nuancen), in der Herabsetzung der Ekel- und Schmerzgrenze, in der Projektion von Erfahrungen der Unzulänglichkeit auf dunkle Kraft- und Machtsymbole, die sich in der Gestalt Satans konzentrieren. Insofern geht eine manipulative Wirkung von der Musik der Satansszene aus, die die gesamte Ideologie stützt. Es werden emotional-affektive Lernvorgänge ausgelöst, die zu (noch latenten) Verhaltensdispositionen der Gewaltbereitschaft führen. Der Gefahr kann nur begegnet werden, indem die Jugendlichen zu einer kritischen Auseinandersetzung mit der Musik geführt werden und sich die (unterschwellige) Manipulation bewusst machen.

Glücklicherweise wenden sich viele Jugendliche von dieser Musik ab, wenn ihnen deutlich geworden ist, dass sie manipuliert werden und dass die Botschaft eine menschenverachtende ist.

Wie steht es aber um satanistische Rituale, bei denen die Musik allenfalls eine Hilfsfunktion hat?

Auch im Jugendsatanismus werden Rituale vollzogen. Seien es eher unbeholfene, mit Magie und Okkultismus liebäugelnde Versuche, um sich interessant zu machen, oder seien es durch geweihte Priester und Priesterinnen des organisierten Satanismus vollzogene Zeremonien – in jedem Falle haben sie mit Ekel, Angst, Qual und Tod zu tun. In der Öffentlichkeit fallen zumeist Tierverstümmelungen und -opfer sowie missbrauchte und geschändete Grabmale auf. Auch sind schon Altäre in Kirchen für satanistische Rituale benutzt worden. Initiationsriten für Neumitglieder in satanistischen Gruppen sind mit „Ekeltests" verbunden. Der Umgang und das Trinken von Urin und Blut gehören dazu wie das Verstümmeln und Töten von Tieren, bevorzugt (schwarze) Katzen, Hähne oder Ziegen. Selbst wenn alle weiteren magischen Rituale und Opferzeremonien noch im Bereich okkulter Spielerei liegen sollten, wird über die Initiationsriten wieder ein Stück der Ideologie des Satanismus transportiert. Das Training zur Überwindung von Ekel stumpft Gefühle ab und setzt Hemmschwellen herab. Verbunden mit dem Glauben, dass Satan solche Opfer fordert, damit seine Kräfte wirken können bzw. damit keine bösen Folgen für die Zelebrierenden eintreten, schiebt man die Verantwortung für das eigene Handeln weg. Eine wichtige Rolle spielt die in den Ritualen geschürte Angst, Satan könne Verrat, Preisgabe von Geheimnissen oder auch unsachgemäßes Zelebrieren strafen.

Für Kinder und Jugendliche, die an solchen Ritualen teilgenommen haben, ist eine Angstbesetzung kennzeichnend, die im Unterschied zu zukunftsdeutenden Okkultpraktiken fast ausnahmslos eintritt und als regelrechte Furcht vor körperlichen Konsequenzen den Menschen quält. Jedes Missgeschick im Leben wird dann als Eintreten der Strafe gedeutet. Zudem werden Bestrafungen durch die satanistische Gruppe selbst geübt, so dass die Furcht real begründet ist. Überwinden kann man diese Angstbesetzung eigentlich nur dadurch, dass man den Ritualen genau folgt und versucht, in der Hierarchie der Gruppe aufzusteigen, also Macht zu gewinnen und Rituale selbst zu leiten. Ein Aussteigen aus der Gruppe würde hingegen die Ängste vor Bestrafung steigern.

Letzte Konsequenz dieser Übung in Abstumpfung und Gewaltbereitschaft sind Tötungsdelikte an Menschen. Der historische Satanismus kennt Menschenopfer, meist in Form von Säuglingen. Dass jugendliche Satanisten auch mit Gedanken an Menschenopfer umgehen, zeigen verschiedene Äußerungen und der Tötungsfall des Sandro Beyer in Sondershausen (s. o.). Es ist bei genauer Betrachtung gar nicht unbedingt möglich, solch eine Tötung juristisch als Mord einzustufen. Man kann davon ausgehen, dass es sich um einen – teuflischen! – Unfall handelt, weil die Kinder oder Jugendlichen nicht mehr in der Lage sind, die Folgen ihres Handelns real einzuschätzen. Dort liegt die eigentliche Gefahr der Persönlichkeitsveränderung der satanistischen Praktiken. Die Handlung wird für den Ausführenden selbst zum teuflischen Geschick, in das er so nach und nach hineingeschlittert ist. Kein Wunder, wenn er dann an eine reale, fremdbestimmende Macht glaubt, die er mit dem Satan identifiziert.

Hier stellt sich nun die theologisch zu reflektierende Frage, welche Rolle der Glaube an Satan (den Teufel) im Satanismus spielt und ob es eine „Wirklichkeit" Satans gibt, d. h. eine objektive Wirkungsmacht, wie sie auch im Okkultismus übernatürlichen Kräften zugeschrieben wird.

7. Satanismus und christlicher Glaube

Die christliche Vorstellung vom Teufel ist immer in einem religionsgeschichtlichen Zusammenhang zu sehen, vor allem vor dem Hintergrund jüdischer Überlieferungen und hellenistischer Einflüsse, die zur Zeit des Neuen Testaments präsent waren. Dazu kommt eine mehr oder minder ausgeprägte Funktionalisierung des Teufels*glaubens* in der Kirchengeschichte.

Da wir an dieser Stelle dieses Thema nicht ausführlich bearbeiten können, sollen in fünf Thesen wichtige Aspekte für die Deutung des modernen Satanismus beschrieben werden.[9]

1. *Das biblische Zeugnis entfaltet keine einheitliche „Satanologie", sondern beschreibt mit „Satanas", „Diabolos", „Luzifer", „Beelzebub", „Beliar" u. a. Aspekte der Wirklichkeit, in der wir uns befinden.*

Die Heiligen Schriften des Alten und Neuen Testaments verkündigen den einen Gott, der sich in der Geschichte den Menschen offenbart. Insofern sind auch diese Schriften geschichtliche Offenbarungen, das heißt: Sie sind in bestimmten Situationen und Zeiten niedergeschrieben, nachdem sie mündlich tradiert wurden. Die

9 Zur christlichen Lehre vom Teufel sei auf die einschlägigen Lexika (z. B. RGG, TRE, LThK, EKL) verwiesen. Bei Grandt, Schwarzbuch Satanismus, findet sich als Anhang A ein Essay „Das Christentum und das Geheimnis des Bösen" von Adam Seigfried aus katholischer Sicht.

biblischen Zeugnisse enthalten also auch immer menschliche Reflexionen über Lebenserfahrungen im Hinblick auf den Glauben an Gott. Zu diesen Erfahrungen gehört die Realität des „Bösen", die im Widerspruch zum Schöpfer- und Heilswillen Gottes steht. Es ist zum einen die schicksalhafte Erfahrung des Unglücks, des Leides, der Sinnlosigkeit, der Zerstörung, des Unheils (s. Hiob-Buch), zum anderen ist es die erschreckende Erfahrung, zu welchen Grausamkeiten und Zerstörungen der Mensch fähig ist. Oft verbindet sich damit die Empfindung, das Böse gar nicht zu wollen oder gewollt zu haben. Es ist einfach als Folge von Handlungen eingetreten, ja es kommt fast automatisch, wenn nicht ständig Gutes entgegengesetzt wird: „Wollen habe ich wohl, aber das Gute vollbringen kann ich nicht. Denn das Gute, das ich will, das tue ich nicht; sondern das Böse, das ich nicht will, das tue ich" (Römer 7,18b.19).

Von daher liegt die Vorstellung eines personifizierten Bösen schon nahe, das den Menschen verführt oder hinabzieht, das böses Schicksal verhängt oder böse Taten provoziert. Solche Personifizierungen, die in der Bibel namentlich genannt werden, symbolisieren genau diese Erfahrungen. Ein Symbol verdichtet ja menschheitliche Erfahrungen und macht sie dann mitteilbar, wenn rationale und begriffliche Sprache unzureichend ist.

Man braucht sich nur vor Augen zu halten, wie unterschiedlich die Bibel vom „Teufel" spricht. Im Hiob-Buch gehört der Satan zum Hofstaat Gottes und hat die Funktion, durch seinen Einspruch den Beweisgang zuzulassen, dass Hiob wirklich ein Gerechter ist. Das bedeutet allerdings ein hartes Schicksal für Hiob, in dem Zweifel an Gottes Gerechtigkeit genährt werden. Der Gedanke, dass der Satan eine verursachende oder gar anrufbare Macht wäre, liegt Hiob völlig fern (obwohl ihm ja tatsächlich begrenzte Befugnisse eingeräumt wurden). Hiob kennt nur eine „Schicksalsmacht", nämlich Gott, den Herrn. Aber gerade das macht die Frage nach dem bösen Schicksal so schwer. Es ist eine Frage nach Gott und nicht nach dem Teufel.

Der „Satan" im Alten Testament verkörpert in diesem Sinne den Widersacher, den Opponenten gegen Gottes Willen oder gegen Menschen, die Gottes Willen tun. Er kann als himmlisches Wesen (Hiob) oder als Mensch (z. B. 1. Sam 29,4) gedacht werden oder aber auch zum Eigennamen für einen gegen Gott gerichteten Sinn werden (z. B. 1. Chron 1).

Das Neue Testament kennt viele Bezeichnungen: Satanas, Beliar, Beelzebub, der Feind, der Verkläger, der Böse, der Versucher, die alte Schlange, der große Drache, der Fürst dieser Welt.

Hier spielen religionsgeschichtliche Entwicklungen, vor allem des späteren Judentums, eine Rolle. Wiederum werden Erfahrungen mitgeteilt, wie Menschen im Glauben verunsichert werden, wie Gottes Macht infrage gestellt wird und wie eine andere Macht nach dem Menschen greift. Das vollzieht sich nun in einem größeren und absoluten Denkhorizont: Es geht um die Frage, wer Herr der Welt ist (s. bes. Offenbarung).

Jesus selbst begegnet dem „Diabolos", dem Verwirrer und Verführer (Mt 4, 1–11; Lk 4, 1–13). Heimtückisch argumentiert der Teufel mit Bibelsprüchen, verzerrt das Wort Gottes und versucht menschliche Wünsche und Sehnsüchte. Schließlich offenbart er sein wahres Wesen, indem er seine Anbetung verlangt. Als ihm Jesus hier widersteht, sind seine Möglichkeiten erschöpft. Er muss dem Sohn Gottes weichen. Damit ist die Machtfrage entschieden, nicht aber diese Erfahrung, die Menschen mit dem Glauben an Gott machen: Es gibt eine „Macht", die Gottes Herrschaft infrage stellt und sich selbst verführerisch präsentiert.

2. *Gott und Satan sind nicht dualistisch, etwa im Sinne des „Guten" und „Bösen" zu verstehen.*

Dualistisches Denken, also die Vorstellung einer Wirklichkeit, die von Gegensätzen lebt, die eine dynamische Einheit bilden, wird uns vor allem durch fernöstliche Religiosität vermittelt. Bezeichnend dafür ist z. B. das Yin-Yang-Symbol aus dem chinesischen Universismus, das in der populären Esoterik oft anzutreffen ist. Dualismen leuchten ein, denn sie entsprechen unseren Erfahrungen: Licht – Finsternis, Sommer – Winter, Wärme – Kälte, Tag – Nacht, Leben – Tod, weiblich – männlich usw. sind Polarisierungen, innerhalb derer sich die Wirklichkeit (dynamisch) vollzieht. Hierzu gehört auch die Erfahrung von Gut und Böse, die einen Bezug zur Transzendenz hat, denn „das Gute" und „das Böse" sind unverfügbare Größen. Von daher ist der Schritt zum Gegensatzpaar „Gott – Teufel" nicht allzu groß. Dabei wird nun das Gute mit Gott identifiziert und das Böse mit dem Teufel. Beide stehen sich als gleichrangige, transzendente Mächte gegenüber.

Eine solche Entwicklung können wir religionsgeschichtlich im späten Judentum feststellen. Der ursprünglich konkret und begrenzt gedachte „Satan" (s. o.) wird zum Gegner Gottes, der einst von Gott abgefallen ist (Luzifer, Fürst Mastema, Belial, Sammael). Er hat die Herrschaft über alle zu Dämonen gewordenen Engel. Er will das Verhältnis zwischen Gott und den Menschen zerstören, verführt die Menschen zur Sünde und zum Abfall vom Glauben, er stört Gottes Heilsplan. Diese Vorstellung müssen wir auch für das Neue Testament voraussetzen (s. o.).

Christliche Häresien sahen im Teufel sogar den jüngeren (z. B. Lactantius, die Bogomilen) oder älteren (z. B. die Katharer) Bruder Jesu. Hier wird die Symbolisierung des dualistischen Prinzips in Form der rivalisierenden Brüder ganz offensichtlich.

Die biblische Vorstellung von einer Macht, die von Gottes Heil wegführt, ist nun aber nicht gleichzusetzen mit „dem Bösen" schlechthin, das Gott dualistisch gegenüberstünde. Solche Gedanken kommen in der Gnosis vor, einer Denkrichtung im Spätjudentum und im frühen Christentum, gegen die sich viele Schriften des Neuen Testaments wehren. Gott ist vielmehr der Schöpfer unserer gesamten Wirklichkeit. So ist ihm alles untertan, das Gute und das Böse. Im Alten Testament finden wir das an vielen Stellen formuliert, z. B. Jes 45,6b–7: „Ich bin der Herr, und sonst keiner mehr, der ich das Licht mache und schaffe die Finsternis, der ich Frieden gebe und schaffe Unheil. Ich bin der Herr, der dies alles tut."

Auch im Neuen Testament wird kein Zweifel daran gelassen, dass die bösen Mächte nicht an Gottes Souveränität heranreichen. Jedoch wird eines klargestellt: Wer sich aus dem Machtbereich Gottes (d. h. der christlichen Gemeinde) herausbegibt, der ist der Verführung zum Bösen ausgesetzt, denn er ist nur noch auf seine eigenen Kräfte angewiesen. Diese reichen nach der Sicht des NT nicht aus, „das Böse mit Gutem zu überwinden" (Rö 12,21). Dazu ist der Glaube an den Herrn der Welt nötig. Ohne den Glauben und das Sein in der Gemeinde ist der Mensch von der Sünde bestimmt, aber nicht schlechthin vom Bösen!

3. *An keiner Stelle fordert die Bibel den Glauben an den Teufel. Gegenstand des Glaubens ist immer die göttliche Offenbarung.*

Diese Aussage lässt sich durch das Gesamtzeugnis der Heiligen Schrift leicht bestätigen. In ihr offenbart sich Gott als Schöpfer, Erhalter und Vollender unserer Wirklichkeit. Damit erhält unsere Existenz einen Sinn. Diesen Sinn ergreife ich für mich im Glauben. Gottes Heil wird so für mich erfahrbar.

Das biblische Zeugnis fordert nun nicht, an die Existenz des Teufels zu glauben (etwa im Sinne einer dualistischen Weltsicht, s. o.), sondern führt einen weiteren Teil der Wirklichkeit vor Augen: die Möglichkeit des Sinn- und Heilsverlustes. Heil geschieht nicht automatisch. Gott musste dafür seinen Sohn in die Welt schicken und am Kreuz sterben lassen. Der Mensch steht vor der Entscheidung, diesen Heilsweg für sich anzunehmen oder nicht. Tut er das nicht, dann wird er die Folgen einer von Gott entfremdeten Existenz, die seine Bestimmung als Mensch verfehlt, tragen müssen. Dazu muss er nicht an den Teufel „glauben".

Es ist also ganz wesentlich, zwischen „glauben" und „für wirklich halten" zu unterscheiden. Die Existenz des Bösen ist Wirklichkeit. Für die Bibel bedeutet das: Es gibt die Erfahrung einer „Tendenz", einer Kraft, einer Macht, die von Gott wegführt. In der Folge geschieht dann „Böses", also Gedanken, Äußerungen und Handlungen, die die menschliche Gemeinschaft und die Schöpfung schädigen und zerstören. Diese böse Macht ist aber nicht Glaubensgegenstand, sondern Teil erfahrener Wirklichkeit. Denn sie baut keine „Gegenwelt" zu Gottes Heilswerk auf (wie das echte Satanisten glauben!), sondern ist die Folge einer heillosen Existenz.

Wenn diese Wirklichkeit erkannt und ernst genommen wird, dann wird der Glaube an Gottes Heil zur Rettung aus der „bösen" Wirklichkeit. Er ist damit im biblischen Sinne auch eine Kampfansage an alles, das von Gott wegführen will. Der Glaube kämpft gegen alle Tendenzen, die unser Menschsein in die Sinn- und Heillosigkeit ziehen und die „Böses" produzieren. Für diese Tendenzen kann die Vorstellung des Teufels hilfreich sein, wenn sie diese Erfahrung der Wirklichkeit symbolisiert. Zwingender Glaubensgegenstand ist sie jedoch nicht.

4. *Indem die christliche Kirche zeitweise den Glauben an den Teufel förderte, um ihren Einfluss auf die Gläubigen zu stärken, leistete sie dem Satanismus Vorschub.*

Der historische Satanismus zeigt, dass sich satanistische Rituale nur vor dem Hintergrund der christlichen (katholischen) Messe entwickeln konnten. Für die gesamte Entwicklung des Satanismus ist die kirchliche Haltung gegenüber dem Teufelsglauben mitbestimmend gewesen. Ursprünglich bedeutete der Exorzismus (die Absage an den Teufel) während der Taufhandlung eine Bestätigung, dass der getaufte Mensch nun zum Machtbereich Jesu Christi gehört und damit von Gott nicht mehr getrennt werden könne. Die Tendenz der Wirklichkeit, die den Menschen von Gottes Heil trennen kann und die sich in Satan symbolisiert, hat keinen letzten Zugriff auf den Getauften mehr.

Der Exorzismus entwickelt sich dann zu einer „Teufelsaustreibung", weil offensichtlich die „böse" Wirklichkeit auch getaufte Menschen einholt. Dualistisches Denken bestimmt mehr und mehr den Glauben im Mittelalter. Dieser ist aber immer mit der Frage nach der Macht verbunden: Die Konkurrenz von Sacerdotium (Priesteramt, d. h. kirchliche Macht) und Imperium (weltliche Macht) ist das Ringen um die Macht über Menschen. Indem die Kirche die Exorzismen institutionalisiert und über „Teufelsbesessenheit" entscheidet, fördert sie nun tatsächlich den *Glauben* an den Teufel. Es werden Ängste geschürt und die Abhängigkeit von der Institution Kirche im Kampf gegen das Böse ausgenutzt. Der eigentlich seelsorgerliche Dienst, den die Kirche zu tun hat, wenn es um die Erfahrung der bösen Wirklichkeit geht, wurde über Zeiten hinweg zur Machtausübung missbraucht. Die Beispiele von Ketzer- und Hexenverfolgungen, die mit Teufelsbesessenheit begründet wurden, belegen das.

Von daher wird verständlich, dass sich kirchenfeindliche Gruppierungen gern satanistischer Symbole und Rituale bedienen und ihrerseits den geschürten Teufelsglauben weiterführten und zu einer Teufelsreligion weiterentwickelten. Das sind nicht die traditionellen „Ketzer", also Menschen, die aus Glaubensgründen in Opposition zur (mittelalterlichen) Kirche standen, sondern Gruppen, die vom christlichen Glauben wirklich abgefallen sind und stattdessen (im Untergrund) den Teufelsglauben praktizieren.

Man muss – ohne Klischeevorstellungen über das „finstere Mittelalter" zu fördern – die geschichtliche Tatsache anerkennen, dass dem Satanismus teilweise Vorschub geleistet wurde, weil die Kirche seelsorgerlich versagte.

Bis heute sind die ritualisierten Formen des Exorzismus (Kleiner Exorzismus gegen dämonische Belästigung und Gebundenheit, „circumcessio" und „obsessio", bezieht sich auf Dinge oder Tiere; Großer Exorzismus gegen klassische Teufelsbesessenheit, „posessio") fraglich, mit denen die katholische Kirche zwar einerseits den Wildwuchs an Teufelsaustreibungen kontrollieren will, andererseits aber weiterhin Teufelsglaube im Sinne der dualistischen Vorstellungen fördert.

5. *Im Wissen um die Realität des Bösen verbietet das Bekenntnis zu Gott dem Herrn den Glauben an den Teufel (1. Gebot). Das Evangelium vom gekreuzigten und auferstandenen Christus befreit von der Angst vor dem Teufel.*

Die Aussage, dass der Teufel nach der Bibel kein Glaubensgegenstand ist, muss dahingehend erweitert werden, dass sich der Glaube an den Teufel vom biblischen Zeugnis her geradezu verbietet. Vorausgesetzt wird dabei das in These 3 genannte Verständnis von Glauben: Es ist die Orientierung an einer offenbarten Heilsbotschaft, die dem Leben Sinnerfüllung und ethische Orientierung gibt und die das Menschsein seiner schöpfungsgemäßen Bestimmung zuführt.

Das erste Gebot des Dekalogs verbietet den Glauben an „andere Götter", weil sich der eine Gott geschichtlich und namentlich offenbart hat. Durch Jesus Christus ist diese Offenbarung bestätigt und konkretisiert worden, indem wir den einen Gott nun als „Vater" erkennen.

Wenn also Satanisten eine andere Macht anbeten und rituell verehren, wenn sie ihre Wünsche und „Lebensphilosophie" an der Gestalt Satans festmachen, dann ist es ihr Gott, an den sie glauben. Dabei spielt es keine Rolle, ob sie mehr oder weniger konkrete Vorstellungen von diesem Satan-Gott entwickeln oder ob sie eigentlich nur sich selbst (den Menschen) mit ungezügelten Begierden und rücksichtslosem Willen in den Mittelpunkt der Verehrung stellen. Auch so kann sich Satan darstellen. Er ist dann ein Symbol aller Abgründe, die einem Menschen möglich sind. Hier zeigt sich in aller Schärfe die Bedeutung des ersten Gebots. Der geschichtlich offenbarte Gott ist als Sinngeber und ethische Orientierung nicht einfach austauschbar. Wenn er bewusst durch etwas anderes ersetzt wird, dann stellen sich diejenigen Menschen außerhalb seines Heils.

Insofern ist der Satanismus von Christen nicht einfach zu tolerieren oder mit Hinweis auf die statistische Unerheblichkeit zu übersehen. Sicher gibt es auch ohne Satanismus viel Heillosigkeit, viele bewusste Entscheidungen gegen Gott. Jedoch symbolisiert der Satanismus die Feindschaft zu Gott – und das ist doch etwas anderes, als wenn Menschen „agnostisch" oder „indifferent" sind. Menschen wählen sich diejenigen Symbole, an denen sie ihre Lebenshaltung und Sinnerfüllung festmachen. Wenn das Symbole der Gewalt, der Zerstörung und der Menschenverachtung sind, dann sagen sie dem christlichen Glauben den Kampf an.

Muss sich der Christ nun deshalb vor dem Teufel fürchten? Nein. Es sollte ihm aber Angst machen, zu welchen Abgründen Menschen fähig sind, die nach der Philosophie des Satanismus leben. Gefährlich wird der Satanismus immer dann, wenn er satanisch wird. Auch andere Ideologien oder Lebenshaltungen können satanisch werden: Fanatismus, Nationalismus, Sexismus, Faschismus, Zynismus ... Diese Erkenntnis weist auf die Heilsbedürftigkeit des Menschen hin. Solange Menschen zu Satanischem fähig sind – von wem oder wodurch sie auch immer dazu verführt werden –, solange ist es eine Illusion zu glauben, dass von selbst alles in Ordnung kommt.

Das Evangelium von Jesus Christus bringt Hoffnung angesichts dieser satanischen Potentiale. Es nimmt einerseits die Angst vor einem übermächtigen Teufel. Christus überwand das Böse mit Gutem, und er besiegte den Tod durch das Leben. Daher sind alle Zugriffe der bösen Verführungen auf den Menschen nur vorläufige.

Allerdings kann diese Vorläufigkeit für Menschen Leid und Tod bedeuten. Deshalb hat der Glaubende dem (vorläufigen) Bösen zu widerstehen. Die Gewissheit der Erlösung und die ethische Orientierung des christlichen Glaubens befähigen ihn dazu.

Im Hinblick auf den modernen Satanismus können zwei wichtige Sachverhalte festgehalten werden:

1. Wir brauchen uns nicht davor zu fürchten, dass Satanisten durch den Teufel eine besondere Macht bekämen, etwa zu okkult-magischen Praktiken befähigt würden. Sie können nicht mehr und nicht weniger als das, wozu Menschen fähig sind. Das allerdings kann furchtbar sein.
2. Wir erkennen in Satanisten Menschen, die sich in Abgründe verirrt haben und die Erlösungsbedürftigkeit der Menschheit besonders vor Augen führen. Ihnen gilt das Evangelium wie allen anderen auch. Wenn der Glaube die Kraft hat, Böses durch Gutes zu überwinden, dann ist er stärker als das Satanische.

Der Umgang mit dem Satanismus muss dem angemessen sein, was sich hinter der jeweiligen Erscheinungsform verbirgt.

Zunächst gilt sinngemäß das zum Umgang mit dem Okkultismus Gesagte (Abschnitt 4). In der Bildungsarbeit von Schule und Gemeinde sollte eine aufklärerische Arbeit über Hintergründe und Gefahren des Satanismus betrieben werden.

Da der Satanismus im Unterschied zum Okkultismus jedoch stärker in sozialen Formen der Jugendkultur zu Hause ist, seien noch einige Besonderheiten genannt.

A Satanismus als Protesthaltung von Jugendlichen

Solange es sich um eine Erscheinung der Jugend-„Kultur" handelt, die in erster Linie über die satanistische Symbolik ihre Kritik an der konventionellen Gesellschaft formuliert, sollte mit den Jugendlichen das Gespräch gesucht werden. Eine Ausgrenzung der „dunklen Gestalten" hilft nicht. Zumindest sollte ihnen Dialogbereitschaft signalisiert werden, und es können Brücken gebaut werden, damit ein Gespräch zustande kommt. Einstiegshilfen sind die satanistischen Symbole, die ernsthaft auf ihre Bedeutung hin angefragt werden. Dann wird sich zeigen, welche Kritik und welche Wünsche sich an diese Symbole binden. Vielleicht ist es einfach nur der Wunsch, zu einer Gruppe zu gehören, die nicht so „stinknormal" ist. Vielleicht ist es, ähnlich wie beim Okkultismus, die Suche nach Alternativen zu einer rationalen und immer mehr „digitalisierten" Welt. Vielleicht sind es aber auch Probleme mit dem Elternhaus, die die Jugendlichen nach einer provozierenden Abgrenzung und Behauptung der Selbständigkeit suchen lassen.

In jedem Falle ist es ein Gewinn, wenn der Dialog nicht abreißt bzw. zustande kommt. Formen der Jugendsozialarbeit oder der kirchlichen Jugendarbeit könnten geeignet sein, auf diese Jugendlichen zuzugehen. Womöglich ergibt sich eine erste Begegnung dadurch, dass ein Friedhof für satanistische Versammlungen benutzt wird.

Aufgabe wäre es also, die satanistische Protesthaltung zu hinterfragen, nach Motiven dafür zu suchen und die Jugendlichen über den Dialog zu einer Reflexion ihrer Aktivitäten zu nötigen. Dann könnten Alternativen der Jugendarbeit angeboten werden, die die Kritik, die Wünsche und Sehnsüchte der Jugendlichen aufnimmt und anhand anderer (menschenfreundlicher) Symbole und Aktivitäten gestaltet.

Manchmal braucht es dafür einfach etwas Zeit, in der sich Vertrauen bilden kann und in der die Jugendlichen selbst zu der Erkenntnis kommen, dass der Satanismus nicht die Erfüllung ihrer Sehnsüchte ist.

Keinesfalls sollte man den Satanismus verharmlosen, sondern immer deutlich machen, dass der Schritt von der satanistischen Spielerei zur satanischen Wirklichkeit oft ein kleiner ist. Viele Jugendliche werden sich von vornherein von solchem Satanismus distanzieren und sich der „Grufti-Szene" zuordnen. Es sollte ihnen aber deutlich gemacht werden, dass das nur solange funktioniert, solange sie die Kontrolle über sich behalten und ihren kritischen Verstand nicht nur gegenüber der Gesellschaft gebrauchen, sondern vor allem gegenüber ihrer Gruppe und denen, die dort Führerfunktionen haben.

B Ritueller Satanismus unter Jugendlichen mit festen Gruppenstrukturen

Wenn die Jugendlichen keinerlei Dialogbereitschaft zeigen und sich eher verschließen und Sozialkontakte nur noch zu ihrer (satanistischen) Gruppe pflegen, sollte das ein Alarmzeichen sein. Hier beginnen sektentypische Strukturen: die Bindung an eine Führerperson bzw. an eine Hierarchie von Führungsämtern, der Glaube an eine (oft geheime, nur Eingeweihten zugängliche) Heilslehre, ritualisierte Formen des Gruppenlebens und Abbruch der Sozialkontakte nach außen.

Grundsätzlich gilt auch hier, Dialogbereitschaft und Begleitung zu signalisieren. Sollten Vermutungen über physische oder psychische Schädigungen von Gruppenmitgliedern bestehen oder sollten kriminelle Handlungen von der Gruppe ausgehen, dann muss fachkundige Hilfe eingeschaltet werden (s. C und D).

Einzelnen Jugendlichen, die aus der Gruppe aussteigen wollen, ist unbedingt Rückhalt zu geben. Wenn Initiationsriten mit Einweihungen in „Geheimlehren" stattgefunden haben oder wenn bei den Ritualen kriminelle Handlungen vorgenommen wurden, dann wird die Gruppe versuchen, Aussteiger zurückzuhalten oder sie unter Druck zu setzen, damit sie keine Interna verraten. Sie brauchen dann vertrauenswürdige Personen und eine neue Bezugsgruppe als Schutzraum. Das kann oft eine Betroffenen-Initiative leisten.

C Sektenartig organisierter Satanismus

In Orden oder Geheimbünden organisierte Satanisten spielen für die Jugendkultur kaum eine Rolle. Wer sich als Volljähriger für solch eine Organisation entscheidet, kann davon zunächst nicht abgehalten werden, solange keine kriminellen Handlungen vorliegen.

Kritisch wird es, wenn Satanssekten ihren Nachwuchs aus der Jugendszene rekrutieren oder ihre eigenen Kinder ohne Entscheidungsmöglichkeit in die Sekte integrieren.

In jedem Falle sollte man wachsam sein, wenn solch ein Verdacht besteht. Je nach Möglichkeit und Notwendigkeit sollten Sektenbeauftragte der Kirchen, staatlicher Stellen (z. B. Jugendämter) oder der Landeskriminalämter zu Rate gezogen werden.

Im Vorfeld ist es wichtig, dass sachkundig informiert wird und dass die Jugendlichen der satanistischen Randszene von solchen Vorgängen erfahren. Es gilt auch, dem Satanismus die Faszination des Fremden und Mächtigen zu nehmen, die er auf Jugendliche ausüben könnte. Eindrücklich sind Betroffenenberichte, die nüchtern das schildern, was mit Menschen passieren kann, wenn sie der Willkür anderer ausgeliefert sind und einer Ideologie verfallen, die dem Bösen huldigt.

D Kriminelle Handlungen

Kriminelle Handlungen in Verbindung mit satanistischen Praktiken beginnen bei Friedhofs- und Kirchenschändungen, gehen über Tieropfer und Gewaltausübung gegenüber Menschen bis hin zu Vergewaltigungen und Tötungsdelikten. Es muss gar nicht immer ein satanistisches Ritual sein, bei dem kriminelle Delikte stattfinden. Wirklich satanisch ist es, dass aufgrund der Praktiken und der Verinnerlichung der Ideologie Hemmschwellen und Ekelgrenzen derart abgebaut werden, dass Jugendliche das Gefühl dafür verlieren, wann eine Qual einsetzt und wann Quälerei gar zum Tod führen kann. Je jünger die Personen sind, desto schwerer können sie das wohl einschätzen. Ein Tötungsdelikt kann tatsächlich ein Unfall sein, weil man die Grenzen eines scheinbaren „Spieles" nicht einschätzen konnte und die Kontrolle verloren hat.

Beim Verdacht auf oder beim Vorkommen von kriminellen Delikten ist immer kompetente Hilfe erforderlich. Das gilt insbesondere, wenn es um sexuelle Delikte an Kindern geht. Diese müssen keineswegs satanistisch motiviert sein, kommen jedoch in der Szene vor.[10]

Wir sollten uns immer dessen bewusst sein, dass unsere Bemühungen um Jugendliche, die in der Okkult- oder Satansszene sind, Wunden heilen sollen, die vielleicht gar nicht entstehen müssten. Sicher, wir werden das Böse, das Dunkle, das Angstmachende nicht aus unserer Welt verbannen können. Aber haben wir nicht andere Möglichkeiten damit umzugehen?

Die beste und wirksamste Prävention auf diesem Gebiet ist eine weltanschauliche und ethische Orientierung, die zwischen Gut und Böse unterscheiden lehrt und einen Weg des Heils kennt. Vor diesem Hintergrund ist religiöse Bildung unverzichtbar. Aber sie ist nur wirksam und hilfreich, wenn sie konkret über Gut und Böse, Gott und die Welt, Heil und Unheil, Sinn und Unsinn sprechen kann. Der christliche Glaube ist nicht nur eine Weltanschauung, die die Welt interpretiert, sondern er ist eine Lebenshaltung, die die Welt zum Guten verändern kann, weil er seine Kraft nicht nur aus den menschlichen Fähigkeiten schöpft, sondern weil er seine Heilsgewissheit von der Erlösung durch Jesus Christus ableitet.

Als Jakob nach dem Kampf mit der dunklen Macht am Jabbok davonhinkte, war er sich sicher, dass er eigentlich Gott begegnet war. „Und es ging ihm die Sonne auf" (Gen 32,32).

Als Jesus den Versuchungen in der Wüste widerstand und am ersten Gebot festhielt, „da verließ ihn der Teufel" (Mt 4,11).

Der Glaube kann es durchaus mit dem Teufel aufnehmen.

10 S. Anhang B und C bei G. und M. Grandt, Schwarzbuch Satanismus, S. 257 ff.

9. didaktische überlegungen zum thema okkultismus

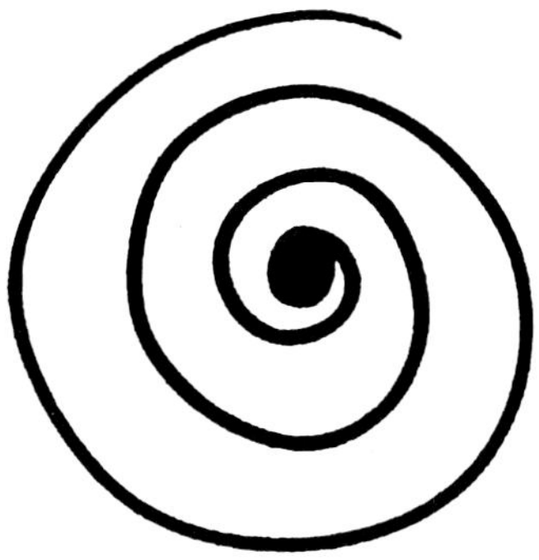

1. Sachüberlegungen

In diesem Zusammenhang soll unter Okkultismus die Beschäftigung mit Praktiken verstanden werden, die Kinder und Jugendliche ausüben, um „übersinnliche" Erfahrungen zu machen, von denen sie sich irgendeine Wirkung versprechen. Die Wirkungen hängen eng mit den Motiven zusammen, aus denen sich mit okkulten Praktiken beschäftigt wird. Sie sind daher ganz verschieden.

Da ist zunächst einfach *Neugier*. Sie ist verbunden mit der Faszination des Unbekannten, Außergewöhnlichen, „Magischen". Das ist der typische Einstieg von Kindern in den Okkultismus. Funktioniert der okkulte Vorgang, dann wird die Neugier gesteigert, und es kommt zum „Glauben", d. h. zur Beeinflussung von Entscheidungen durch die okkulten Wirkungen. Die Neugier wird durch Freunde und Bekannte ausgelöst, die schon Erfahrungen mit solchen Praktiken haben. Von daher spielt ein soziales Moment eine wichtige Rolle: Man will dazugehören, oft wird auch in einer Gruppe praktiziert.

Ein weiteres Motiv ist die *„Faszination des Grauens"*. Es ist zwar stärker beim Jugendsatanismus angesiedelt, hat hier aber auch seine Berechtigung. Etwas Nervenkitzel ist bei den okkulten Praktiken dabei. Oft geht dieser in Angst über. Dann setzen für die Kinder und Jugendlichen bedenkliche, zum Teil sogar persönlichkeitsverändernde Folgen ein. (S. z. B. Mischo, Okkultismus, S. 39 ff. und 131 ff; Pavese, Kontakt mit dem Jenseits, S. 269 f.)

Schließlich ist für Heranwachsende und Jugendliche der *„Blick in die Zukunft"* ein starkes Motiv. Wenn das Nachdenken über die eigene Zukunft und die Rolle der eigenen Person in der Gruppe und Gesellschaft einsetzt, wird nach Orientierungen und Absicherungen gesucht. Der Okkultismus bietet, gleichsam als Ersatzreligion, Antworten auf Lebensfragen, auch auf ganz intime, an. Besonderen Zuspruch findet diese Art der Vergewisserung bei Jugendlichen, die nicht mit einem sinnorientierenden Glauben oder einer solchen Weltanschauung aufgewachsen sind – oder aber davon aus irgendeinem Grund enttäuscht wurden. Das muss gar nicht an dem Glauben liegen, sondern kann auch von Bezugspersonen abhängen, die diesen Glauben repräsentieren. Die Folgen sind insofern gefährlich, weil sich die Jugendlichen auf scheinbare Antworten der okkulten Mechanismen verlassen, deren Zustandekommen sie nicht durchschauen oder nicht wahrhaben wollen.

Die okkulten Praktiken, die von Kindern und Jugendlichen am meisten ausgeübt werden, sind Pendeln und Gläserrücken.

Das Motiv, sich der Zukunft zu vergewissern und Antworten auf individuelle Lebensfragen zu erhalten, steht also im Vordergrund.

Die „Mechanismen" der genannten Okkultpraktiken lassen sich recht einleuchtend erklären. Zum einen handelt es sich um den sog. „Carpenter-Effekt" (eigentlich: „ideomotorisches Prinzip"), benannt nach dem englischen Physiologen W. B. Carpenter, der seine Erkenntnis 1852 veröffentlichte. Dieses Prinzip besagt, dass jede Bewegungsvorstellung einen Antrieb zum Vollzug dieser Bewegung einschließt. Das heißt: Die Bewegungen des Pendels entstehen durch gedankliche Vorstellungen, die in feinste Muskelbewegungen umgesetzt werden. Niemand wird es schaffen, das Pendel in der angegebenen Weise still zu halten! Dazu kommen Verstärkungen der Bewegung durch Atmung und Resonanz, so dass eine sichtbare Schwingung entsteht. Dass sich das Pendel nun aber in eine bestimmte Richtung bewegt (geradlinig schwingend oder kreisend), hängt von den Vorstellungen ab, die sich der Pendler (auch unbewusst) macht. Die angegebenen Experimente (**M 2**) demonstrieren das überzeugend.

Dieser Effekt wurde von Carpenter auch auf Tischrücken und „Oui-ja-board" angewandt.

Dazu kommt eine Erklärung, die der Tiefenpsychologe C. G. Jung geliefert hat. Er spricht von einem „Agent provocateur". Das ist ein Beteiligter, der den ersten Anstoß zu dem scheinbar übernatürlichen Effekt gibt. Stellen wir uns vor, eine Gruppe von Jugendlichen sitzt – in entsprechender spiritistischer Atmosphäre und Erwartungshaltung – um einen Tisch beim Gläserrücken. Sie haben alle eine Hand auf das schreibende Tischchen gelegt. Ein Impuls – und das Glas bewegt sich. Kleine Oszillationen des „Agent provocateur" werden in der gespannten Atmosphäre verstärkt, schließlich

„gehorchen" die Muskeln alle einer scheinbar geheimnisvollen Kraft, die nichts weiter ist als die Führung der Hände durch Gedanken und Vorstellungen. Hier spielt der Gruppenprozess (im Unterschied zum Pendeln) eine Rolle. Entweder setzt sich ein Gruppenmitglied als Führungspersönlichkeit durch und vermittelt über das Glas seine (vielleicht unbewusste Botschaft), oder es handelt sich um ein Gruppenergebnis, z.B. wenn alle mit derselben Frage umgehen und sich eine Antwort herauskristallisiert, die in der Vorstellung aller existiert.

Es ist aber keineswegs so, dass letztlich nur die Antworten gegeben werden, die sich der Einzelne oder die Gruppe im Innersten wünschen. Es könnten auch durchaus Ängste hervortreten, die das als Antwort formulieren, das am meisten gefürchtet wird. Man malt – im wahren Sinne des Wortes – den Teufel an die Wand. Die gefährlichen Folgen einer solchen Antwortsuche liegen auf der Hand.

Eine wesentliche Rolle für die nachhaltige Wirkung okkultistischer Beschäftigung, also für den Glauben, die Abhängigkeit, das Okkultsyndrom, spielen biographische Umstände. Vor allem für die spiritistische Interpretation (die überhaupt die Grundlage für den Glauben an okkulte Erscheiungen ist) sind traumatische oder konfliktbehaftete Umstände bezeichnend (vgl. die Fallschilderung in **M 7**). Die Wurzel okkulten Glaubens ist also weniger das Phänomen an sich (dieses wirkt verstärkend), vielmehr ist es eine Grenzerfahrung im Leben, die nicht verarbeitet wurde, weil keine religiöse Kontingenzbewältigung zur Verfügung stand oder diese nicht funktionierte – einfacher gesagt: weil der Glaube versagte. Der Spiritismus wird dann zur Ersatzreligion.

Die spiritistische Interpretation führt okkulte Erscheinungen auf einen „Geist" im weitesten Sinne zurück. Das kann der Geist eines Verstorbenen sein (beliebte Interpretation beim automatischen Schreiben, auch beim Gläserrücken) oder eine anonyme übersinnliche Kraft, eventuell ein „Feld" oder ein „Energiestrom" (vulgär-esoterische Interpretation).

Wird diese Interpretationsweise von den Kindern und Jugendlichen akzeptiert und propagiert, dann verbindet sich die okkulte Praktik mit dem Glauben an Geister oder übersinnliche Wirkungen auf den Menschen. Die damit verbundene aufkommende Angst muss nun magisch gebannt werden: Die Kenntnisse und Fertigkeiten der Okkultpraktiken werden vertieft, damit man „alles im Griff hat". Die okkulte Glaubenswelt wird bald das Weltbild der Jugendlichen bestimmen und Entscheidungen beeinflussen, und zwar so, dass ihre Entscheidungsautonomie immer mehr eingeschränkt wird.

Andererseits kann der Glaube an eine vorhergesagte Zukunft Handlungen (oder auch Unterlassungen) hervorbringen, die das Vorhergesagte auf tragische Weise eintreten lassen – indem nämlich der Betroffene sich so verhält, dass es eintreten muss. Eine solche – bewusst gesteuerte – Handlung beschreibt Oscar Wilde mit humoristischem Unterton in „Lord Arthur Saviles Verbrechen" (s. **M 5**). Man darf aber nicht vergessen, dass solche Vorgänge sich viel öfter unbewusst abspielen – und dann sind sie viel ernster zu nehmen, weil sie sich der Willenskontrolle entziehen.

2. *Intentionen – Ziele*

Die beschriebenen Besonderheiten der Thematik machen deutlich, dass von zwei Hauptintentionen her gearbeitet werden muss: von einer „aufklärerischen" und von einer „seelsorgerlichen".

a Wie empirische Untersuchungen zeigen, ist zwar die Neugier von Kindern und Jugendlichen in Bezug auf okkulte Phänomene groß, aber sie sind nur ungenügend informiert. Deshalb sollen sich die Kinder und Jugendlichen unter dem Gesichtspunkt der Bildung mit Motiven, Phänomenen, Mechanismen und Wirkungen des Okkultismus auseinander setzen.
Dazu gehören:
- Sachinformationen zu den okkulten Praktiken,
- Überlegungen zu den Motiven, die Menschen zur Beschäftigung mit Okkultismus führen,
- Aufklärung über Wirkungen und Folgen okkulter Praktiken, vor allem für die psychische Stabilität des Einzelnen und für die zwischenmenschlichen Beziehungen,
- Deutungen der Weltbilder, die hinter okkult-spiritistischen Anschauungen stehen, und Vergleich mit einer christlichen Sicht der Welt und des Menschen.

Das didaktische Ziel, das sich mit dem Bildungsanliegen verbindet, ist ein präventives. Die Kinder und Jugendlichen sollen ihre Neugier mit sachlich guten Informationen befriedigen, dem Unbekannten und Aufregenden angstfrei begegnen, sich aber der potentiellen Gefahren bewusst sein; sie sollen die Unzuverlässigkeit und damit Gefährlichkeit der okkulten Zukunftsvoraussagen kennen und sie nicht zum Gegenstand ihres Glaubens machen. Die Unvereinbarkeit mit dem christlichen Glauben wird herausgearbeitet. In der Summe soll das dazu führen, dass sich die Kinder und Jugendlichen den okkulten Praktiken nicht zuwenden, sondern im christlichen Glauben Orientierungen für ihr Leben suchen. Diejenigen, die spielerischen Umgang mit dem Okkultismus hatten, sollen sich ohne Angst davon abwenden können. Für die Neugierigen wird die Faszination des scheinbar Zauberhaften entzaubert.

b Die beschriebene aufklärerische Intention wird für die Mehrzahl der Kinder und Jugendlichen angemessen sein und ist den Bildungsvorgängen von Schule und Gemeinde angemessen. Jedoch wird sie immer dann wirkungslos bleiben, wenn es für eine Prävention zu spät ist, das heißt, wenn einzelne Kinder und Jugendliche so intensiv mit okkulten Praktiken umgehen, dass sie davon abhängen. „Intensiv" meint dabei eine quantitative und eine qualitative Seite: Es kann die Häufigkeit des Praktizierens sein, das zum Ritual geworden ist, und es kann die psychische Wirkung sein, meist in Form von Angstbesetzung oder Unfähigkeit, autonome Entscheidungen zu treffen. In jedem Falle besteht eine Abhängigkeit von der okkulten Praktik, die sich mit dem Glauben an eine übersinnliche oder geisterhafte Kraft verbindet, die mein Leben bestimmt. Unabhängig von der realen Existenz einer solchen Kraft stimmt diese Wahrnehmung der betreffenden Person. Sie fühlt sich fremdbestimmt, das eigene Ich als Entscheidungsinstanz ist „besetzt". Diese Empfindung macht die Person für aufklärerische Bemühungen unzugänglich. Es ist eine seelsorgerliche Begleitung nötig. Hier wird zugleich auch die Grenze deutlich, die wir uns setzen müssen. Wir können höchstens ein seelsorgerlich ausgerichtetes Bildungsgeschehen initiieren. Eine intensive seelsorgerliche oder psychotherapeutische Begleitung ist nicht Gegenstand dieser Arbeitshilfe. Als Erstes ist eine ausgeprägte Sensibilität aufseiten der Unterrichtenden nötig, damit sie erkennen, wann Abhängigkeiten einzelner Kinder und Jugendlicher so stark sind, dass über okkulte Vorgänge nicht mehr distanziert gesprochen werden kann. Es nützt dann nichts, die Wirkungslosigkeit einer okkulten Praktik zu demonstrieren oder das falsche Weltbild des Spiritismus zu kritisieren. Der betreffenden Person müssen Hilfen gegeben werden, ihre Situation zu erkennen, begründete und unbegründete Ängste zu thematisieren, bereit zu werden, mit Vertrauenspersonen ins Gespräch zu kommen. Letztlich ist es eine Bildungsarbeit im Vorfeld der Seelsorge, die Annahme signalisiert, auf Be- und Verurteilung des Jugendlichen verzichtet, wohl aber die Beurteilung der okkulten Praxis darlegt. Der christliche Glaube wird als Kraft zur Befreiung aus okkulten Abhängigkeiten thematisiert, wobei dem zerstörerischen Wesen okkulter Fremdbestimmung der Kampf angesagt wird, dem betroffenen Menschen aber mit annehmender und vergebender Liebe begegnet wird. Das kann durchaus verallgemeinert, nicht auf eine konkrete Person bezogen, geschehen. Der oder die betreffende Jugendliche wird sich angesprochen fühlen und – so hoffen wir – ermutigt werden, seelsorgerliche Hilfe in Anspruch zu nehmen.

10. didaktische Überlegungen zum Thema Satanismus

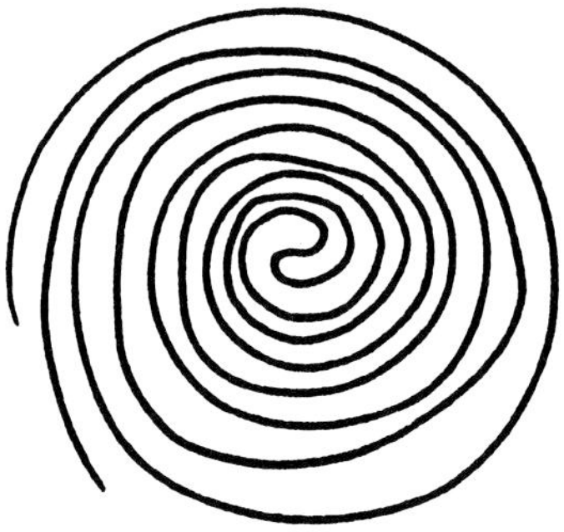

1. Sachüberlegungen

Ähnlich wie beim Okkultismus handelt es sich beim Satanismus um ein differenziertes Phänomen. Eine mögliche Unterscheidung ist die in historischen und rituellen Satanismus (vgl. **M 20.1**). Elemente beider Formen fließen in den Satanismus der Jugendkultur ein, der für unseren Zusammenhang am wichtigsten ist und sich differenzierter darstellt (vgl. **M 20.2**). Jedoch müssen die Arbeitshilfen auch Informationen über die historische Entwicklung, die Ideologie und den in Bünden organisierten Satanismus enthalten, um die Erscheinungen des sogenannten Protestsatanismus deuten zu können.

In der Jugendkultur haben wir es in erster Linie mit einem Protestphänomen zu tun. Das ist für Jugendkulturen aller Zeiten nichts Außergewöhnliches. Mit satanistischer Symbolik, entsprechendem Vokabular, auffälligem Verhalten und dunklen Ritualen möchte man sich von der übrigen Gesellschaft abgrenzen, Protest gegenüber den Konventionen und Werten ausdrücken, die die ältere Generation bestimmen. Jedoch unterscheidet sich diese Protestkultur qualitativ in einer nicht tolerierbaren Weise von anderen Formen des Jugendprotests.

Am eindrücklichsten ist der Vergleich mit der Hippie-Bewegung der 60er-Jahre. Mit Blumensymbolik und Verherrlichung der Liebe (zumindest dessen, was man darunter verstand) wurde ein Aussteigertum propagiert, dessen Gefährlichkeit allenfalls in Verantwortungslosigkeit und Unbekümmertheit lag. Sicher gab es auch anarchistische Haltungen, doch sie gehörten nicht zur Ideologie. Insgesamt hat diese Protestform der Gesellschaft eher Impulse zum Nachdenken und zur Veränderung gegeben.

Demgegenüber ist der Satanismus von einer ganz anderen Ideologie geprägt, deren negative Folgen für die einzelnen Jugendlichen sowie für die Gesellschaft auf der Hand liegen. Gründe dafür, die untereinander im Zusammenhang stehen, sind vor allem:

a) die Übernahme der anti-christlichen Symbolik des historischen Satanismus,
b) die Propagierung einer auf Crowley zurückgeführten Selbstverherrlichungsideologie,
c) die Grauzone zum heutigen organisierten (rituellen) Satanismus,
d) die Propagierung von Gewaltbereitschaft durch die Musik der Szene,
e) die systematische Abstumpfung psychischer Sensibilität in Ritualen.

2. Intentionen – Ziele – Inhalte

Eine unterrichtliche Behandlung des Themas Satanismus wird vorwiegend unter einer informierend-präventiven Zielsetzung geschehen. Wie auch beim Okkultismus sollten aber Kindern und Jugendlichen, die bereits in der Szene sind, Wege aufgezeigt werden, wie sie aus der Angstbesetzung und Fremdbestimmung herauskommen. Dazu ist die eigene Entscheidung und die Annahme fremder Hilfe nötig. Der präventive Unterricht kann also durchaus auch zur Entscheidungshilfe für diejenigen werden, die sich mit dem Satanismus eingelassen haben.

Ein verantwortlicher Umgang mit der Thematik, vor allem mit Beispielen, Berichten und Fällen, versteht sich von selbst. Einerseits darf die Sache nicht verharmlost werden, andererseits nicht übertrieben oder in aller Grausamkeit (die ja durchaus vorkommt) dargestellt werden, sodass bei sensibleren Kindern und Jugendlichen erst Angst erzeugt würde.

Oft wird die Kritik laut, ob denn durch die Darstellung des Satanismus im Unterricht bei einzelnen Jugendlichen nicht erst die Neugier und Lust erzeugt würde, sich damit einzulassen. Das ist tatsächlich eine Frage, die ins Zentrum der didaktischen Überlegungen trifft.

Man kann sicher nicht immer verhindern, dass einzelne Schüler Schwarzpulver herstellen, nachdem sie im Chemieunterricht etwas über die Zusammensetzung von Explosivstoffen gehört haben. Man wird sie jedoch vor den Gefahren warnen und versuchen, sie einen verantwortlichen Umgang mit Gefahren zu lehren.

Dieser kann einerseits in der Vermeidung der Gefahr bestehen: Lasse dich gar nicht erst mit Satanisten ein. Er sollte aber auch in der Befähigung bestehen, sich aktiv mit der Szene und vor allem mit Motiven, Attraktionen und Werbeversuchen auseinander zu setzen. Dazu ist eine Information nötig, die die Menschenverachtung, Machtausübung, Gewaltverherrlichung und Angstbesetzung satanistischer Praktiken deutlich macht. Wir werden also nicht lehren, wie ein satanistisches Ritual zu halten ist oder wie Initiationen zu erfolgen haben, sondern werden anhand von Einzelvorgängen und Einzelerlebnissen die negativen Folgen für Beteiligte darstellen. Es ist nach Motiven zu fragen, aus denen Kinder und Jugendliche zum Satanismus kommen, ebenso, was sie dort hält und bindet.

Als Material bietet sich vor allem das an, das in der Szene des Jugendsatanismus präsent ist:

- die Symbole, die Jugendliche an sich tragen;
- die Musik einschließlich der Texte und der Präsentationen der Bands,
- Berichte von Jugendlichen, die in der Szene waren und ihre Erlebnisse und Ängste schildern.

Ein besonders sensibles Thema ist die Frage nach der Wirkung von Rockmusik innerhalb der Satansszene. Sie wird auch von Experten unterschiedlich bewertet. Die Musik selbst ist nur bedingt „gefährlich" – im physischen Bereich mag das vor allem der Schallpegel sein. Hämmernde Rhythmen mögen auch „abstumpfen" und desensibilisieren – das gilt jedoch auch für die Techno-Szene oder „White Metal". Immerhin gibt es ja mit White Metal auch eine christliche Rockmusik.[11] Viele Jugendliche lieben einfach die Musik, die Rhythmen. Sie sind eine Form, Gefühle auszudrücken, die sich in der Ambivalenz zwischen Kraft und Ohnmacht bewegen. Es wäre ein Fehler, die Musik einfach zu verteufeln, weil damit mindestens einigen Jugendlichen der sachliche Zugang zur Beurteilung des Satanismus unmöglich gemacht wird. Vielmehr sollte Wert darauf gelegt werden, die Botschaft, die nun insbesondere Black Metal und Death Rock transportieren, immer kritisch zu sehen und hier auf Distanz zu bleiben. Es sind unverkennbar satanistische Haltungen (Gewaltverherrlichung, antichristliche Symbolik, Crowley-Ideologie), die vermittelt werden. Die Musik ist dabei nur als ein Faktor zu sehen, der im Zusammenhang mit der Idolwirkung der Gruppe und dem Gemeinschaftsgefühl auf solch einem „Happening" wirkt. Das Thema Rockmusik ist also auch unabhängig vom Satanismus geeignet, Möglichkeiten der Manipulation und Idolwirkung aufzudecken. Freilich sind die Inhalte schon gravierend. Bei einigen Black-Metal-Texten ist die Toleranzgrenze erreicht – das werden aber auch alle Jugendlichen eingestehen, die nach

11 Vgl. das Video „Zur Hölle mit dem Teufel", ausleihbar in Medienzentralen

dem „gesunden Menschenverstand“ urteilen. Identifiziert man sich jedoch wirklich mit der hier transportierten Ideologie, dann ist es schon ein Alarmsignal. Zu prüfen ist dann, ob es sich um einen reinen Protest handelt oder ob die Jugendlichen tatsächlich in der Satansszene zu Hause sind.

Nachhaltige Wirkung hat die Darstellung eines Todesfalles, wie der des Sandro B. Er liegt nun schon so lange zurück, dass er den wenigsten Jugendlichen noch aus den Massenmedien bekannt ist, weshalb er über Texte oder ein Video[12] präsentiert werden muss. Hieran lässt sich zeigen, wohin satanistische Ideologie in der letzten Konsequenz führt und worin die Tragik einer „spielerischen“ Beschäftigung damit liegt. Solch ein Fall macht auch den scharfen Gegensatz zum christlichen Glauben deutlich. Am Ende steht hier ein dunkler, sinnloser Tod, der keine Hoffnung enthält und alle „Willensbestimmung“ des Menschen (Crowley) doch sehr infrage stellt (welch traurige Figuren sind die satanistischen Mörder!).

Demgegenüber steht die Hoffnung auf Leben des christlichen Glaubens, die im Tod Jesu Christi begründet ist und dem Tod jedes Einzelnen eine Verheißung gibt.

Der Unterricht über Satanismus kann also nicht ohne den Blick auf das auskommen, was durch ihn pervertiert wird. Den Kindern und Jugendlichen wird eine Orientierung geboten, die von den Symbolen des Lichts, der Befreiung (von Angst und zum Menschsein), des (aufrechten) Kreuzes, sowie einer Haltung der Mitmenschlichkeit, der Lebensbejahung bestimmt ist. Daran entscheidet sich letztlich auch die Frage nach der Gefahr, den Satanismus zu behandeln. Es muss gelingen, bessere Alternativen (im Religionsunterricht den christlichen Glauben, im Ethikunterricht vielleicht auch andere) so aufzuzeigen, dass sie attraktiver sind. Das geht mit den Symbolen, aber auch mit der Darstellung dessen, was die Bibel Vollmacht (dynamis) nennt. Wollte Crowley den Willen des Menschen entfesseln, damit er sich von den Zwängen der (christlichen) Religion befreit und zur zerstörerischen Macht wird, so sollten wir zeigen, welche (aufbauende) „dynamis“ der Glaube hervorbringt, Menschen und Dinge zum Guten zu verändern.

Themen wie: freier und unfreier Wille, Gottes Wille und menschlicher Wille, Befreiung zum Menschsein, Fremd- und Selbstbestimmung, das Böse und der Mensch, die als anthropologische Themen im Religionsunterricht vorkommen, können einen Zugang oder auch eine Weiterführung des Unterrichts über den Satanismus bilden. Damit wird das Thema nicht überbewertet, sondern in den Rahmen theologischer und anthropologischer Deutung hineingestellt.

[12] Zum Beispiel „Pakt mit dem Teufel“ (1993), ausleihbar in Medienzentralen

II. Praxishilfen für Schule und Gemeinde (Erwachsenenbildung)

I. Skizze einer Unterrichtsverlaufsplanung

1. Unterrichtseinheit: Okkultismus im Alltag

Intentionen:
Die Schüler lernen Gründe kennen, warum sich Menschen okkulten Praktiken zuwenden, und denken über ihre eigenen, meistens spielerischen Erfahrungen mit diesen Dingen nach. Sie erkennen, dass mit Okkultpraktiken die Gefahr verbunden ist, von deren „Aussagen“ abhängig zu werden, sich darauf zu verlassen und eigene Initiativen zu blockieren. Sie machen sich bewusst, dass „Glaube“ ein entscheidendes Moment im Okkultismus ist.

1. Stunde

Bausteine zur Entfaltung des Themas:

1) Hinführung
- z. B. Gespräch zu statistischen Daten oder zu aktuellen Zeitungsmeldungen über Okkultismus unter Schülern (**M 1** oder aktuelles Material)

2) Einige „Mechanismen“ von Okkultpraktiken kennenlernen und durchschauen
- z. B. Versuche zur Wirkungsweise von Pendel, „Geisterbotschaften“ (Ouija-Board), Hellsehen **(M 2–4)**

3) Gespräch. Mögliche Impulse:
- Was bewirkt eine Aufklärung über verbreitete Okkultpraktiken?
- Wodurch wird der Glaube an die Wirksamkeit der Praktiken gestärkt?
- Gibt es Gründe, wider besseren Wissens daran zu glauben?
- Was geschieht, wenn ich mein Verhalten nach Zufälligkeiten oder meinen verborgensten Wünschen ausrichte?
- Kann eine solche okkulte Betätigung Lebenshilfe sein?

4) Erzählung
- Anhand der Geschichte von Oscar Wilde: „Lord Arthur Saviles Verbrechen" (nacherzählt, **M 5**) wird der Vorgang verdeutlicht, wie menschliches Verhalten durch eine „okkulte" Vorhersage bestimmt werden kann und Unheil hervorbringt. Die Geschichte balanciert zwischen Humor und Ernst und zeigt daher gut das Umkippen vom spielerischen Spaß in lebenszerstörenden Ernst.

5) Zusammenfassung
- z. B. Tafelbild (**M 6**, sollte nach den Ergebnissen der Gesprächsphasen variiert werden)

2. Stunde

Bausteine zur Entfaltung des Themas:

1) Brief oder Bericht eines/einer Jugendlichen, der/die in der Okkultszene ist oder war (**M 7** oder aktuelles Material)

2) Gruppenarbeit zu dem Text unter folgenden möglichen Leitfragen:
- Welche Gründe erkennst du, aus denen sich der Briefschreiber/die Briefschreiberin okkulten Praktiken zugewandt hat?
- Treffen diese Gründe nur auf diese Person zu oder könnten sie verallgemeinert werden?
- Welche Gefühle werden in dem Bericht mitgeteilt?
- Was sehen die Briefschreiber rückblickend kritisch?
- Welche Gefahren werden benannt, die sich aus der Beschäftigung mit dem Okkultismus ergeben?

3) Antwortbriefe schreiben (Briefspiel in Gruppen)
Die Schüler sollten ermutigt werden, das Gelesene für sich zu verarbeiten und ihre Meinung dazu schriftlich zu formulieren. Es kann dabei hilfreich sein, die Antwort nicht direkt an den (unbekannten) Briefschreiber zu richten, sondern an einen Freund oder eine Freundin zu schreiben und sich mit ihm/ihr über das Gelesene auszutauschen.

4) Gegenseitiges Vorstellen von Antwortbriefen. Diskussion über die Leitfragen

5) Zusammenfassung:
Welche biographischen Momente (Lebenssituationen, Krisen, Spannungen in menschlichen Beziehungen) können zur Hinwendung zum Okkultismus führen? Könnte mir das auch passieren?

2. Unterrichtseinheit: Wissenschaft und Pseudowissenschaft

Intentionen:
Anhand populärer und medienwirksamer Themen (Astrologie, PSI-Phänomene, Esoterik) lernen die Schüler Unterscheidungskriterien zwischen wissenschaftlichen und pseudowissenschaftlichen Betrachtungsweisen kennen. Sie sollen nicht zur Wissenschaftsgläubigkeit erzogen werden, sondern die Motive und Konsequenzen des pseudowissenschaftlichen „Vulgär-Okkultismus" erkennen.

1. Stunde (Astrologie)

Bausteine zur Entfaltung des Themas:

1) Die Schüler bekommen Horoskope aus verschiedenen Zeitschriften, die sich auf denselben Zeitraum beziehen. Beim Vorlesen wird schnell deutlich, dass die Aussagen zum Teil nichtssagend sind („stimmt irgendwie immer"), sich aber zum Teil auch widersprechen.

2) Was ist Astrologie, was unterscheidet sie von der Astronomie?
Anhand von Sachinformationen (z. B. **M 8, M 9** oder Lexikonartikel) erarbeiten sich die Schüler wesentliche Aussagen a) zum Selbstverständnis der Astrologie, b) zum Selbstverständnis der Astronomie und c) zur Beurteilung der Astrologie aufgrund naturwissenschaftlicher Erkenntnisse und kritischer Anfragen (Gruppenarbeit vorteilhaft).

3) Gespräch: Was will die Astrologie?
Mögliche Impulse:
- die Motive der Astrologen,
- der Zusammenhang zwischen Voraussage und Glaube daran,
- ein „wissenschaftlicher" Anstrich verstärkt die Glaubwürdigkeit,
- der Zusammenhang von Astrologie und Geschäftsinteressen,
- Lebenssituationen von Menschen, die sich der Astrologie zuwenden – Astrologie als Lebenshilfe?

4) Zusammenfassung
– Unterscheidungsmerkmale von Wissenschaft und Pseudowissenschaft am Beispiel der Astrologie (**M 10**)
– Festhalten des Zusammenhangs von Motiven und Wirkungen

2. Stunde (PSI und Parapsychologie)

Bausteine zur Entfaltung des Themas:

1) Tafelanschrieb „PSI". Spontane Schülerreaktionen, die durch Massenmedien vermittelte Kenntnisse über PSI-Phänomene widerspiegeln.

2) Unterrichtsgespräch über die Art und Weise, wie solche Phänomene in den Medien dargestellt werden, welche Motive dabei eine Rolle spielen, wie hier die Grenzen zwischen Wissenschaft und Pseudowissenschaft verfließen.
Begriffsklärung: PSI und die damit gemeinten Phänomene, Parapsychologie (**M 11**).

3) Am Beispiel von Telepathie/Hellsehen wird ein PSI-Phänomen zwischen wissenschaftlicher Erforschung und Scharlatanerie dargestellt:
a) Telepathie in der menschlichen Erfahrung (**M 12.1**)
b) Experimente und Tricks, z. B. mit Spielkarten oder Zahlenkarten (**M 12.2, M 13**)
c) Parapsychologische Interpretation (Lexikon, **M 14**)

4) Überlegungen zum berechtigten Anliegen der Parapsychologie (**M 11**). Unterrichtsgespräch dazu.

5) Tafelbild: „Paranormale Phänomene" zwischen wissenschaftlicher Erforschung und Ersatzreligion. Zusammenfassung des Gesprächs.

3. Stunde (Esoterik)

Bausteine zur Entfaltung des Themas:

1) Ausschnitte aus Esoterik-Zeitschriften, die verschiedene Aspekte der Esoterik darstellen, z. B. Okkultpraktiken, Naturmedizin, Geistheilung, Spiritismus, Religion.
Es stellt sich die Frage: Was ist, was will „Esoterik"?

2) Überlegungen zu Motiven, die Esoterik faszinierend machen (z. B. mit AV-Medium).
Esoterik hat Geschichte (Informationen, **M 15**).
Beispiel: Sorge um die Gesundheit – Angebote der Esoterik (Edelsteintherapie, Magnettherapie, kosmische Strahlen in der Pyramide, Geistheilungen usw., z.B. **M 16**).

3) Gespräch – Nachdenken über:
– das Motiv der Angst – Angebote der Angstbewältigung;
– verloren gegangener Glaube – wiedergewonnener Glaube;
– Esoterik als Ersatzreligion;
– Unvereinbarkeit mit dem christlichen Glauben.

4) Tafelbild. Stichworte:
– Esoterik als Suche des Menschen nach Hilfe und Sicherheit
– Eine Religion mit oder ohne Gott?
– Gut und wahr ist, was nützt?
(Zusammenfassung des Gesprächs).

3. Unterrichtseinheit: Christentum und Okkultismus

Intentionen:
Die Schüler machen sich bewusst, dass sich der Okkultismus auch christlicher Motive und Inhalte bedient und dass der Satanismus von seiner Wurzel her eine ins Gegenteil pervertierte Form christlicher Religionsausübung ist. Sie fragen nach den Gründen dieser Zusammenhänge. Sie sollen erkennen, dass der Okkultismus mit der Angst der Menschen arbeitet und scheinbare Absicherungen für die Zukunft anbietet, sehr oft aber Hoffnungen enttäuscht und Menschen zerstört. Sie erfahren demgegenüber, dass der christliche Glaube Verheißungen und Zukunftshoffnungen gibt, die jedem Menschen gelten, die Raum zur Selbstverwirklichung lassen, die nicht zerstören, sondern versöhnen und Energien zur Gestaltung der Zukunft aktivieren.

1. Stunde („Christlicher" Okkultismus?)

Bausteine zur Entfaltung des Themas:

1) Presseinformationen über eine christlich-spiritistische Sekte, z. B. „Universelles Leben", „Lorenzianer", „Urchristliche Kirche", aus denen hervorgeht, dass hier Offenbarungen von Geistwesen mit dem christlichen Glauben vermischt werden (oder **M 16**).
Alternativ: Ausschnitt aus einer Esoterik-Zeitschrift (s. 2. Unterrichtseinheit), in dem eine solche Vermischung von Spiritismus und christlichem Glauben propagiert wird (oder **M 17**).

2) Gespräch über diese Texte. Impulse, z. B.:
– Welchen Stellenwert hat die spiritistische Offenbarung für diese Gruppe?
– Welche Rolle spielt die führende Persönlichkeit (Träger medialer Offenbarung)?

– In welchem Verhältnis stehen die Offenbarungen zur Bibel?
(Im Gespräch werden Hintergrundinformationen zu der jeweiligen Sekte gegeben; s. Literaturhinweise.)

3) Biblische Texte zum Problem Spiritismus (entweder wird ein Text ausgewählt, oder es werden mehrere in Gruppen erarbeitet):

A) Die Totenbeschwörerin von En-Dor (1. Sam 28). Intention: Saul sucht nach einer anderen Offenbarungsquelle, weil der Herr von ihm gewichen ist (V.16). Damit vertieft er den Graben zwischen sich und Gott. Der Blick in die Zukunft vergrößert nur seine Angst. – Oft ist dieses Motiv auch für die heutige Beschäftigung mit dem Spiritismus entscheidend: Man möchte Gewissheit in einer ungewissen Situation. Doch damit gibt man den Glauben an das Geborgensein bei Gott auf, der ja nicht einfach unsere Probleme löst, sondern solche Zeiten der Ungewissheit als Herausforderung begreift.

B) In der neutestamentlichen Briefliteratur wird von „Irrlehrern" oder „falschen Propheten" gesprochen (z. B. 2. Petr 2, 1. Joh 4/2. Joh 7), hinter denen sich zum großen Teil wahrscheinlich sogenannte „Gnostiker" verbergen. Das sind Menschen, die überzeugt sind, dass sie durch geistige Anstrengung zur Erkenntnis Gottes kommen. Diese Erkenntnis ist wie eine „Erleuchtung von oben". Sie fühlen sich dabei als „Geistmenschen" und verachten die anderen, die nicht zu solcher Erkenntnis kommen. Sie leugnen die Leiblichkeit Jesu, weshalb in den Briefen des NT oft betont wird, dass Jesus „ins Fleisch gekommen ist". Diese Art Offenbarung eines Geistwesens wird also schon im NT abgelehnt. Christlicher Glaube bindet sich an die Person Jesus Christi, der wahrer Mensch und Gottes Sohn ist.

C) 2. Mose 20,1–7 (das erste und zweite Gebot). Intention: Wer an Gott glaubt, bindet sich nur an ihn. Er wird erfahren, dass diese Bindung in Wirklichkeit befreit: So wie Israel aus der Sklaverei in Ägypten befreit wurde, werden Glaubende zu einem Leben in der Gemeinschaft befreit. Die Bindung an andere göttliche Autoritäten oder Botschaften, z. B. an spiritistische Geistwesen und deren Offenbarungen oder an das „Bildnis" der Vorstellung, wie Tote weiterexistieren, schränkt diese Freiheit immer ein, weil die Botschaft des Einen Gottes infrage gestellt wird. Gott duldet keine anderen Götter (Autoritäten, an die wir uns binden) neben sich, weil er uns liebt und zu einem Leben befähigen will, das von Gemeinschaft und Verantwortung füreinander geprägt ist (vgl. die anderen Gebote). Der Glaube an spiritistische Offenbarungen wird damit zur Bekenntnisfrage: Sie können Gottes Wort nicht „ergänzen". Auch spiritistische Offenbarungen im Namen Gottes sind keine göttlichen Botschaften, sondern ein Missbrauch des Namens Gottes.

D) Röm 8,14. Intention: Spiritisten mit christlichem Erscheinungsbild argumentieren oft, dass ihre Geistoffenbarungen letztlich Offenbarungen des Geistes Gottes seien, der über allen Geistern steht. Es sollte also nach der Unterscheidung zwischen Geist Gottes/Heiliger Geist und den Geistern der Spiritisten gefragt werden. Anhand des einen Verses kann darüber nachgedacht werden, wo sich der Geist Gottes im Leben (Denken, Fühlen, Reden und Handeln) von Menschen zeigt. Die Gemeinde ist aufgerufen, „die Geister zu prüfen", also müssen die Wirkungen des Heiligen Geistes (z. B. auch prophetische Offenbarungen) am Evangelium gemessen werden können.

4) Okkultismus/Spiritismus und Christentum. Was sagen die Kirchen dazu? **(M 18)**

2. Stunde (Satanismus)

Bausteine zur Entfaltung des Themas:

1) Nachrichten über Ereignisse, bei denen Schüler in Aktivitäten satanistischer Gruppen einbezogen waren:
– z.B. der Fall Sandro B., Sondershausen 1993 **(M 19)** oder ein AV-Medium zur Einführung

2) Gespräch. Mögliche Impulse:
– Was könnte Kinder und Jugendliche an der Satansszene faszinieren?
– Was verkörpert Satan für diese Jugendlichen?
– Wo stoßen wir in der Musikszene auf Motive des Satanismus?
– Welche, vielleicht umgekehrte, christliche Symbolik taucht bei den Satansleuten auf?

3) Erarbeitung
A) Information: Der historische Satanismus; Satansmessen als Umkehrung christlicher Messen; Erscheinungsformen des Satanismus **(M 20.1 und M 20.2)**

B) Arbeit mit Texten zur modernen Satansszene in der Jugendkultur
a) Liedtexte aus Heavy Metal, Dead Rock u.ä. **(M 21)**
b) Bekenntnisse/Texte aus der Satansszene **(M 22)**
Es bietet sich Gruppenarbeit an. Anhand der Leitfragen werden Ergebnisse zusammengestellt.

4) Was sagen „Aussteiger" zum Satanismus? **(M 23, M 24)**. Gespräch, Vergleich mit der Gruppenarbeit.

5) Die Ergebnisse der Gruppenarbeit werden auf einem Blatt zusammengestellt und für alle kopiert.

3. Stunde
(Die Biographie eines Okkultisten/Satanisten)

Bausteine zur Entfaltung des Themas:

1) Darbietung oder Arbeit an einem Text zur Biographie Aleister Crowleys. Grundlage dafür kann z. B. das Buch von Ralph Tegtmeier zu Aleister Crowley sein (s. Literaturverzeichnis). Eine Kurzfassung bietet Hansjakob Schibler in RL 3/91, S. 22–26.

2) Herausarbeiten von Lebensumständen, die Aleister Crowley zu einem der wichtigsten Ideologen des Satanismus gemacht haben (z. B. Kindheit, Elternhaus; Veranlagung; Interesse am Übersinnlichen; Erfolg; kritische Distanz gegenüber dem christlichen Glauben; Kontakte zu okkulten Sekten).

3) Lehren und Bekenntnisse Crowleys, die bis heute im Okkultismus/Satanismus nachwirken. (Vgl. auch Texte der Black-Metal-Musik, hier können Äußerungen und Ideologie Crowleys wieder entdeckt werden.)

4) Gespräch: „Menschen können böse sein" – was heißt das vor dem Hintergrund von Crowleys Leben und Lehren?

(Möglich: Eine weitere Stunde zu „Satan/Teufel in christlicher Sicht"; s. Literaturhinweise)

4. Stunde
(Die Verheißungen des christlichen Glaubens überwinden Okkultismus und Satanismus)

Bausteine zur Entfaltung des Themas:

1) Bildbetrachtung: Christus besiegt den Drachen (z. B. **M 25**)
Gespräch: Erschließung der Symbolik: Gewalt und Zerstörung, Gesetz des Ich (Motiv des Satanismus); Angst vor der Zukunft, vor Krankheit, Unglück (Motiv des Okkultismus)

2) Bibeltexte
a) Joh 16,33. Angst in der Welt gehört zum Menschsein. Was heißt: Christus hat die Welt überwunden?
b) Röm 8,38–39. Die Liebe Gottes hält uns bei ihm. Dennoch erfahren wir in unserem Leben böse Mächte und Gewalten. Doch sie sind nicht in der Lage, uns von Gott zu trennen.
c) Röm 12,21. Gutes tun als Gegenkraft zum Bösen. Wer sich „überwinden" lässt, ist dem Bösen ausgeliefert (Satanismus).
d) 2. Thess 2,1–12. Das Böse und Zerstörerische wirkt gegen Gottes Plan mit den Menschen. Deshalb wird es als Feind bezeichnet. Christus wird kommen, um über das Böse zu richten und den Feind zu besiegen (vgl. Bild).
e) Mt 4,1–11. Auch Jesus wird verführt, zum Machtmissbrauch, zum Missverstehen seiner Sendung und Gottessohnschaft. Er erweist sich aber als wahrer Gottessohn, indem er der Versuchung nicht unterliegt, sondern ganz auf Gott vertraut.
Die Intentionen der Bibeltexte werden herausgearbeitet und mit den Motiven des Okkultismus/Satanismus verglichen.

3) Vor dem Hintergrund dieser Texte sollen Assoziationen zu den Begriffen „Erlösung", „Überwindung", „Auferstehung" gefunden werden.

4) Lieder der Hoffnung (TB-Kassette)
Auswahl von Liedern zusammenstellen, die Hoffnung vermitteln, und mit deren Texten und Melodien sich die Schüler leicht identifizieren können (s. Angebot der Medienzentralen).

II. Skizze eines Gemeindeseminars (Evangelische Erwachsenenbildung)

Gedacht ist an fünf Abende zu je 90 Minuten in Kursform, d. h. die Teilnehmer sollten kontinuierlich mitarbeiten.

Die 90 Minuten sind in der Planung jeweils in sechs Phasen unterteilt, die durchaus von unterschiedlicher Länge sein können oder auch auf vier bis fünf reduziert werden können. Wichtig sind Methodenwechsel, neue Impulse oder Medien, um die Konzentration zu erleichtern.

Dominierende Methode in der Erwachsenenbildung ist das Gespräch. Monologische Informationsphasen, die nicht durch AV-Medien gestützt sind, sollten demgegenüber kürzer sein.

Zur Sachinformation kann der Inhalt der Kapitel 1–8 dienen. Darüber hinaus sind die Materialien aus dem Anhang verwendbar, wenn sie sich nicht eindeutig auf die Schulsituation beziehen (z. B. Vorschläge für Tafelbilder).

1. Abend: Okkultismus unter uns

1) Kennen lernen, Austausch von Erwartungen, Erlebnissen, Erfahrungen; Vorstellung des Seminarverlaufs

Intention:
Die Erwartungen der Teilnehmer werden aufgenommen und mit den Intentionen des Seminars verglichen. Möglicherweise wird der eine oder andere Teil präzisiert/ aktualisiert.
Mögliche Impulse:
Stichworte wie „Pendeln", „Kartenlegen", „Horoskope", „PSI", „Satanskult"; auch in Form von Bildern

2) Information: Okkultismus in den Massenmedien

Intention:
Die Art und Weise, wie „Vulgärokkultismus", „Esoterik" u. ä. in den Massenmedien präsentiert wird, soll zum Nachdenken über den Stellenwert dieser Praktiken in unserer Gesellschaft anregen.
Materialien/Medien:
Zeitungsausschnitte, kurze Videosequenzen, Bücher

3) Gespräch

Intention:
Anhand der Informationen werden Verbreitung, Stellenwert, Motive, Funktion okkulter Praktiken und deren Vermarktung in den Medien beurteilt.
Mögliche Impulse:
Glaube und Aberglaube, Angst, Unsicherheit, Krise, Vermarktung, Geschäft, Ideologie (wem nützt es?)

4) Information: Okkultpraktiken und deren Mechanismen

Intention:
An einem oder zwei Beispielen von verbreiteten Okkultpraktiken werden deren Wirkungsmechanismen gezeigt und der Zusammenhang mit dem Glauben dargestellt.
Materialien/Medien:
z. B. Pendeln – Carpenter-Effekt; Gläserrücken – „Führungseffekt"; sollte Astrologie thematisiert werden, eignen sich z. B. **M 8** und **M 9.**

5) Vertiefung: Experimente

Intention:
Anhand einfacher Experimente werden Mechanismen von verbreiteten Okkultpraktiken nachvollzogen und damit „entzaubert".
Materialien/Medien:
Experimente zu den Beispielen aus dem vorangegangenen Lernschritt 4 (vgl. **M 2–4, M 13)**
Anmerkung: Unter Umständen sollte aus seelsorgerischen Gründen auf die Experimente verzichtet werden, wenn deren Ausübung bei einigen Teilnehmern angstbesetzt ist. Dann ist eine seelsorgerische Begleitung angezeigt, die durch die aufklärerischen Intentionen des Seminars flankiert wird.

6) Nachgespräch und Ausblick auf den nächsten Abend

Intention:
Die Seminarteilnehmer haben Gelegenheit zur Rückmeldung, welche Klärungen bei ihnen zum Thema Okkultismus erfolgt sind, welche Fragen offen geblieben oder neu entstanden sind, welche Emotionen ausgelöst wurden. Sie verständigen sich über die Aufnahme offener Fragen in den nächsten Abenden.

2. Abend: Okkultismus: Geschichte und Hintergründe

1) Anknüpfung: Okkultismus heute – was wissen wir von Okkultismus in der Geschichte?

Intention:
Anknüpfend an den vorangehenden Abend werden Kenntnisse und Erfahrungen zum historischen Okkultismus ausgetauscht und Erwartungen zum Thema formuliert.
Mögliche Impulse:
Magie, Hexen, Spiritismus u. a. (verbal oder Text- und Bildmedien)

2) Information: Okkultismus – Begriff und Geschichte

Intention:
Die Seminarteilnehmer lernen einen Abriss der Geschichte des Okkultismus mit seinen Einzelphänomenen kennen und verständigen sich über Begriffe.

Materialien/Medien:
Arbeits- und Informationsblätter, möglich auch AV-Medien

3) Gespräch

Intention:
Die Informationen werden im Gespräch vertieft, offene Fragen geklärt.

4) Information: Esoterik – gestern und heute

Intention:
Moderne Formen der Esoterik werden vor dem Hintergrund des geschichtlichen Begriffes und Phänomens dargestellt und beurteilt.
Materialien/Medien:
Esoterik-Zeitschriften, AV-Medien, Arbeits- und Informationsblätter (vgl. **M 15**, **M 16**)

5) Vertiefung: Texte/Medien zu New Age

Intention:
Die Bewegung des New Age wird als Sonderform „esoterischer" Weltanschauung dargestellt.
Materialien/Medien:
Literaturauszüge, AV-Medien

6) Nachgespräch und Ausblick auf den nächsten Abend

Intention:
Wie am ersten Abend, nur auf dieses Thema bezogen

3. Abend: PSI, X und andere Phänomene

1) Hinführung: Die Medienwirksamkeit von unerklärlichen Phänomenen

Intention:
Die Teilnehmer tauschen sich über die starke Präsenz von „unerklärlichen Phänomenen" in den Massenmedien aus und nehmen Stellung dazu.
Mögliche Impulse:
„Akte X", UFO, unerklärliche Begebenheiten, Grenzwissenschaften, Parapsychologie

2) Information: Parapsychologie zwischen Wissenschaft und Pseudowissenschaft

Intention:
Die Erforschung unerklärlicher Phänomene wird im Spannungsfeld zwischen wissenschaftlicher Bemühung, sensationslüsterner Publizistik und ideologischer Funktionalisierung dargestellt.
Materialien/Medien:
Informationsblätter, Anschauungsmaterial aus entsprechenden Publikationen, eventuell AV-Medien (vgl. **M 11**, **M 14**)

3) Gespräch

Intention:
Nachbereitung und Beurteilung der Informationen
Mögliche Impulse:
Was ist „wissenschaftlich"? Motive für Sensationsdarstellungen; Ufologie als „Sekte"/Glaubensgemeinschaft; Berührungspunkte mit dem christlichen Glauben

4) Unsere Seele und die „Seelen" (Spiritismus)

Anmerkung:
Wenn dieses Stichwort schon am zweiten Abend genügend zur Sprache kam, kann hier darauf verzichtet werden. Stattdessen können andere Beispiele der „Phänomene" besprochen werden (Ufologie, außersinnliche Wahrnehmungen, Telekinese usw.)

Intention:
Anhand des Beispiels Spiritismus wird der weltanschauliche Hintergrund für die Interpretation bestimmter Phänomene gezeigt, die im Gegensatz zu wissenschaftlicher Erkenntnis stehen.
Materialien/Medien:
Auszüge aus Esoterik-Zeitschriften zu spiritistischen Erfahrungen, Informationen über den weltanschaulichen Hintergrund des Begriffs „Seele", besonders im christlichen Kontext (vgl. **M 17**)

5) Vertiefung: Experimente (Pavese)

Intention:
Am Beispiel einiger leicht durchführbarer Experimente nach A. Pavese wird das methodische Vorgehen der Parapsychologie vorgestellt und beurteilt; Sinn und Grenzen wissenschaftlicher Erforschung von unerklärlichen Phänomenen werden diskutiert.
Materialien/Medien:
Anleitungen für Experimente nach A. Pavese (1992)

6) Nachgespräch und Ausblick auf den nächsten Abend

Intention:
Wie an den vorangehenden Abenden, themenbezogen

4. Abend: Satanismus – medienwirksames Randphänomen?

1) Einstieg: Pressemeldungen oder Video zum Satanismus

Intention:
Die Teilnehmer erfahren von Aktivitäten satanistischer Gruppen sowie von satanistischen Einflüssen/Symbolen in der Jugendkultur.
Materialien/Medien:
Pressemeldungen, AV-Medien (vgl. **M 19**)

2) Gespräch

Intention:
Die Informationen werden mit den Kenntnissen und möglicherweise eigenen Erfahrungen der Seminarteilnehmer verglichen; die Teilnehmer äußern ihre Empfindungen und Bewertungen dazu.
Mögliche Impulse:
Gefahr, Gefährlichkeit, Destruktion in der Jugendkultur; Motive für „Protestsatanismus"; Todesfälle – Absicht oder Unfall?

3) Information: Satanismus, Geschichte, Formen und Verbreitung heute

Intention:
Anhand des Begriffes und der Geschichte des Satanismus werden unterschiedliche Entwicklungen aufgezeigt (organisierter Kultsatanismus, Sekten, Randszenen in der Jugendkultur) und seine heutige Verbreitung sowie seine Bedeutung für unsere Gesellschaft beurteilt.
Materialien/Medien:
Arbeits- und Informationsblätter, möglicherweise AV-Medien (vgl. **M 20**)

4) Gespräch

Intention:
Die Informationen werden im Gespräch nachbereitet und vertieft; die Frage des Teufels in christlicher Sicht wird angesprochen.

5) Information/Gespräch: Teufel, Satan in christlicher Sicht

Intention:
Anhand von biblischen und theologischen Aussagen wird die christliche Sicht des Teufels/Satans dargestellt und mit den Vorstellungen der Seminarteilnehmer ins Gespräch gebracht. Das ganze Phänomen des Satanismus wird aus der Sicht des christlichen Glaubens beurteilt.
Materialien/Medien:
Arbeitsblätter zu biblischen Texten, Informationsblatt: Der Teufel in christlicher Sicht.
Anmerkung:
Wenn hier ein besonderer Informations- und Gesprächsbedarf sichtbar wird, kann dieses Thema zugunsten anderer ausführlicher behandelt werden, z. B. unter dem Aspekt: Wie spreche ich mit meinen Kindern über den Teufel? – Das müsste schon in der Planung nach dem ersten Abend bedacht werden.

6) Nachgespräch und Ausblick auf den nächsten Abend

Intention:
Wie an den vorangehenden Abenden – themenbezogen.

5. Abend: Christlicher Glaube – eine verlässliche Lebenshilfe

1) Einstieg: Okkultismus als Suche nach Antwort, Satanismus als Protest – Ängste, die uns bewegen

Intention:
Auf der Grundlage der vorangehenden Abende werden Motive und Wirkungen okkultistischer und satanistischer Aktivitäten reflektiert, wobei besonders Ängste, die unser Leben begleiten (vor der Zukunft, vor Bedrohungen, vor dem Tod), angesprochen werden.
Mögliche Impulse:
Aussagen von Menschen, die sich mit Okkultismus beschäftigen, über ihre Motive; Aussagen von „Aussteigern" aus der Satanskult-Szene; Stichworte „Angst", „Bedrohung", „böse Mächte" u. a.

2) Bibelarbeit: Texte über Mächte, die uns bedrohen – Texte, die trösten

Intention:
Anhand ausgewählter biblischer Texte wird der Frage nachgegangen, wie die Bibel unsere Existenzängste aufnimmt und deutet. Durch die Beschäftigung mit den Texten wird der Trost entfaltet, den der christliche Glaube angesichts der Bedrohungen unseres Menschseins vermittelt. Dabei wird besonders die Tiefendimension der Aussagen wahrgenommen, die in Sprachbildern, Symbolen und Trostzusagen Gestalt gewinnt.
Materialien/Medien:
- Biblische Texte, z. B. Psalm 22: Klage und Trost eines verzweifelten Menschen; Mt 4,1–11: Der Versuchung widerstehen – dem Bösen widerstehen; Mk 5,1–20: Besessen und befreit; Rö 8,18–39: Die Liebe Gottes ist stärker als alle Mächte und Gewalten.
- Bilder der christlichen Kunst, die Hoffnung machen
- Möglich sind auch AV-Medien

6. Abend: Nachgespräch zum ganzen Seminar: „Kampf den dunklen Mächten"– sind wir gerüstet? (vgl. Eph 6,11)

Intention:
Rückblickend auf das ganze Seminar äußern die Teilnehmer, welche Verstehens- und Glaubenshilfen sie durch Informationen und Gespräche erfahren haben. Sie diskutieren Möglichkeiten, in welcher Weise Trost und Lebenshilfe durch die christliche Gemeinde angesichts von Ängsten und Bedrohungen weitergegeben werden können und wie dadurch Menschen vor negativen Folgen des Okkultismus und Satanismus bewahrt werden.

A) Weiterführende, aber auch kritisch zu lesende Literatur zu Sachthemen (Auswahl)

Bäumer, Ulrich: Wir wollen nur deine Seele. Rockszene und Okkultismus, Wuppertal 1992
Bauer, Eberhard: Parapsychologie, in: Gasper/Müller/Valentin, Lexikon der Sekten, Sondergruppen und Weltanschauungen, Freiburg 1994, Sp. 769 f.
Bender, Hans (Hg.): Parapsychologie, Darmstadt 1976
Bienemann, Georg: Pendel, Tisch und Totenstimmen, Freiburg ²1988
Billerbeck, Liane v./Frank Nordhausen: Satanskinder. Der Mordfall Sandro B., Berlin 1994
Bischofberger, Otto/Oswald Eggenberger/Carl-A. Keller/Joachim Müller (Hg.): Weltanschauungen im Gespräch, Band 6: Kontakte mit dem Jenseits? Spiritismus aus christlicher Sicht, Freiburg/Zürich 1989
Cammans, Heide-M.: Okkultismus – Zwischen Suche und Sucht, Recklinghausen 1990
Cammans, Heide-M.: Ratgeber Okkultismus, Düsseldorf 1998
Christiansen, Ingolf: Satanismus. Faszination des Bösen, Stuttgart 1998
Das Reich der Magie (Moderne Universalgeschichte der Geheimwissenschaften), Düsseldorf 1979 (= Bindlach 1997)
Deutscher Bundestag, 13. Wahlperiode: Endbericht der Enquete-Kommission „Sogenannte Sekten und Psychogruppen", Drucksache 13/10950, Bonn 1998; hier besonders Kapitel 3.4. (S. 43–47) und 6.2.7. (S. 153) zu Okkultismus/Satanismus
Dohse, Walter: Parapsychologie und Religion, Berlin 1988
Dvorak, Josef: Satanismus, München ⁴1996
Frankenhauser, Alfred: Magie, München 1990
Geheimgesellschaften und Geheimbünde (Moderne Universalgeschichte der Geheimwissenschaften), Düsseldorf 1979 (= Bindlach 1997)
Grandt, Guido und Michael: Jugend und Okkultismus, Niedernhausen/Ts. 1997
Grandt, Guido und Michael: Schwarzbuch Satanismus. Innenansicht eines religiösen Wahnsystems, Augsburg 1995
Griffon, T. Wynne: Geschichte des Okkultismus, Genf 1996
Haack, Friedrich-Wilhelm: Aberglaube – Magie – Zauberei, Münchener Reihe, München ⁴1987
Haack, Friedrich-Wilhelm: PSI/Parapsychologie, Münchener Reihe, München ⁵1987
Haack, Friedrich-Wilhelm: Satan – Teufel – Luzifer, Münchener Reihe, München ⁵1987
Haack, Friedrich-Wilhelm und Annette: Jugendspiritismus und -satanismus, Münchener Reihe, München ²1989
Heinemann, Evelyn (Hg.): Hexen und Hexenglauben, Frankfurt/M. 1986
Holtz, Gottfried: Die Faszination der Zwänge, Göttingen 1984
Hutten, Kurt: Seher, Grübler, Enthusiasten, Stuttgart ¹⁴1989
Janzen, Wolfram: Okkultismus, Mainz/Stuttgart 1988
Lévi, Eliphas (Abbé Alphonse Louis Constant): Geschichte der Magie, Basel ⁴1994
Luck, Georg: Magie und andere Geheimlehren in der Antike, Stuttgart 1990
Mandau, Luise: Satanismus: die neue Bedrohung, Düsseldorf 1997
Ministerium für Kultur, Jugend, Familie und Frauen Rheinland-Pfalz (Hg.): Okkultpraktiken & Satanismus bei Jugendlichen, Mainz 1997
Mischo, Johannes: Okkultismus bei Jugendlichen, Mainz 1991
Pavese, Armando: Handbuch der Parapsychologie, Augsburg 1992
Pavese, Armando: Kontakt mit dem Jenseits, Augsburg 1998
Prokop, Otto (Hg.): Medizinischer Okkultismus, Jena 1977
Prokop, Otto/Wimmer Wolfgang: Der moderne Okkultismus. Parapsychologie und Paramedizin, Magie und Wissenschaft im 20. Jahrhundert, Stuttgart/New York 1987
Przybyszewski, Stanislaw: Die Gnosis des Bösen. Entstehung und Kult des Hexensabbats, des Satanismus und der Schwarzen Messe, Berlin ⁴1995
Przybyszewski, Stanisaw: Die Synagoge Satans, Berlin ²1979

Rae, Alexander C.: Clever Bluffen Okkultismus, Frankfurt/M. 1999
Rausch, Ulrich: Die Geister, die ich rief. Okkultismus an der Jahrtausendwende, Frankfurt/M. 1998
Rink, Steffen/Lösch, Holger: Okkultismus, München 1996
Ruthe, Reinhold: Medien, Magier, Mächte, Wuppertal 1968
Sandra: Weiße Magie, Schwarze Magie, Satanismus, München 1999
Schweer, Thomas: Satanismus, München 1997
Seele ohne Grenzen (Moderne Universalgeschichte der Geheimwissenschaften), Düsseldorf 1979 (= Bindlach 1997)
Tegtmeier, Ralph: Aleister Crowley. Die 1000 Masken des Meisters, München 1989
Türk, Eckhard/Introvigne, Massimo: Satanismus – Zwischen Sensation und Wirklichkeit, Freiburg i. Br. 1995
Weis, Christian: Begnadet, besessen – oder was sonst? Salzburg 1986
Wenisch, Bernhard: Satanismus. Schwarze Messen – Dämonenglaube – Hexenkulte, Mainz/Stuttgart 1988
Zinser, Hartmut: Jugendokkultismus in Ost und West, München 1993

Hinweis: Es finden sich eine Reihe von Informationen zum Okkultismus und Satanismus auch in den so genannten „Sektenberichten" der Bundesländer.

B) Quellen zum Okkultismus und Satanismus

Baudelaire, Charles: Die Blumen des Bösen, Frankfurt/M./Leipzig 1999 (Originaltitel: Les fleurs du mal, 1857)
Crowley, Aleister: Die Heiligen Bücher von Thelema, Lenze 1985
Crowley, A./M. D. Eschner: Liber Al vel Legis (mit Kommentaren), Lenze 1985
Dreikandt, Ulrich K. (Hg.): Schwarze Messen, Dichtungen und Dokumente, München 1970 (Hier finden sich u.a. Texte von Baudelaire und Huysmans.)
Huysmans, Joris-Karl: Tief unten. Stuttgart 1994 (Originaltitel: Là-bas, 1891)

C) Praxishilfen bzw. Literatur mit praktischen Anregungen für Unterricht und Erwachsenenbildung

Hund, Wolfgang: Alles fauler Zauber?! Okkulte Phänomene – was steckt dahinter? Mühlheim a. d. Ruhr 1988
Hund, Wolfgang: Das gibt's doch gar nicht! Okkultismus im Experiment, Mühlheim a. d. Ruhr 1998
Hund, Wolfgang: Okkulte Phänomene – erfahren und hinterfragen, Mühlheim a. d. Ruhr 1991
Hund, Wolfgang: Okkultismus. Materialien zur kritischen Auseinandersetzung, Mühlheim a. d. Ruhr 1995
Klie, Thomas: Okkultismus, Arbeitshilfen BBS (Berufsbildende Schulen) 14, Religionspädagogisches Institut Loccum 1992
Medien und Literatur zu Okkultismus und Sekten, hrg. von der Landesbildstelle Baden 1997
Okkultismus und geheimnisvolle Phänomene. Verteilblätter zum Thema Okkultismus, hrg. von der Agentur des Rauhen Hauses, Hamburg 1997
Zeitschrift für Religionsunterricht und Lebenskunde (RL), Nr. 3/1991, Themenheft „Die ich rief, die Geister", Zürich 1991

D) AV-Medien

Die Medienzentralen der Kirchen, Landkreise und Städte bieten eine Vielzahl von Diaserien, Tonbildreihen, Videofilmen und Tageslichtfolien zum Thema an, die aus den jeweils aktuellen Katalogen ersichtlich sind. Es ist unbedingt nötig, die Medien vor dem Einsatz im Unterricht oder in der Erwachsenenbildung genau anzusehen und zu beurteilen, ob sie der eigenen didaktischen Intention entsprechen. Das Medium sollte nie dominieren, sondern ein *Mittel* zur Erarbeitung des Themas sein.

M 1 Okkultismus unter Schülern und Jugendlichen (einige Zahlen)

Ein Drittel der Thüringer Schüler hat Erfahrung mit okkulten Praktiken

Jenaer Psychologen befragten 1300 Schüler in acht Städten des Landes.
Erfurt (epd). Fast ein Drittel aller Schülerinnen und Schüler in Thüringen verfügt über Erfahrungen mit okkulten Praktiken. Zu diesem Ergebnis sind Psychologen der Jenaer Universität gekommen, die mehr als 1300 Schülerinnen und Schüler in acht thüringischen Städten befragt haben. Danach haben mit 97 Prozent der Befragten nahezu alle Jugendlichen Kenntnisse über Okkultismus ... Bei ihrer Befragung hätten zudem 31,5 Prozent angegeben, an derartigen Praktiken schon einmal teilgenommen zu haben ...

Mit knapp 14 Prozent sei am häufigsten Kartenlegen benannt worden, gefolgt von Gläserrücken und Pendeln mit 9,4 bzw. 9,1 Prozent. Die sogenannten „Schwarzen Messen" mit einem Prozent seien „ein Nebenthema", betonen die Psychologen. Knapp 60 Prozent der Jugendlichen, die sich in der Befragung zur Ausübung okkulter Handlungen bekannten, empfänden bei diesen Sitzungen „Spaß", für 16 Prozent seien sie langweilig. Ein Viertel dieser Gruppe habe jedoch in okkulten Runden Angst ...

Besonders anfällig für okkulte Praktiken seien stark sensitive Jugendliche mit der Neigung zu „aktiver Vereinzelung", berichteten die Psychologen. Zudem spiele für die Hinwendung zum Okkultismus das Gefühl der Sinnlosigkeit ihres Lebens eine große Rolle.
(epd Landesdienst Ost, Nr. 99 vom 15.12.1994, S. 6)

Aus einer Umfrage unter Schülern und Jugendlichen in Rheinland-Pfalz:

1989 wurden 1754 Schülerinnen und Schüler zwischen 12 und 20 befragt.

10,3 % (davon 72,9 % weibl./27,1 % männl.) der Befragten zeigten im Gefolge von Okkultpraktiken Angst, Auffälligkeiten oder Störungen (= Gruppe 1).

21,8 % (davon 50,1 % weibl./49,9 % männl.) haben schon an Okkultpraktiken teilgenommen oder üben sie aus, ohne Auffälligkeiten zu zeigen (= Gruppe 2).

60,6 % (davon 37,9 weibl./62,1 männl.) wissen von Okkultpraktiken, meiden sie aber (= Gruppe 3).
7,3 % (davon 34,7 weibl./65,3 % männl.) haben an solchen Praktiken nie teilgenommen und wissen auch nichts davon (= Gruppe 4).

An der Spitze der bekannten Okkultpraktiken stehen Glasrücken (bei 88,2 % der Gruppe 1–3 bekannt), Pendeln (bei 79,1 % der Gruppen 1–3 bekannt) und Schwarze Messen (bei 64,8 % der Gruppen 1–3 bekannt).

An der Spitze der ausgeübten Okkultpraktiken stehen mit Abstand „Geisterbeschwörungen" (darunter fallen im Sinne des Interviews Pendeln, Glasrücken, Geisterschreiben) mit 90,2 % der Gruppen 1 und 2).

Von den Schülern der Gruppen 1 und 2 praktizierten bzw. praktizieren:
54,1 % nur einmal; 33,6 % selten; 8,6 % mehrmals wöchentlich und 2,5 % fast täglich.

(Nach: Johannes Mischo, Okkultismus bei Jugendlichen, Mainz 1991)

Experiment zur Darstellung des Carpenter-Effekts am Beispiel des Pendels

M 2

(Bemerkung: Es handelt sich nicht um ein „okkultes" Experiment! Wer jedoch Bedenken hat, dass ein solches Experiment kontraproduktiv sein könnte, sollte es bei der Erklärung des Carpenter-Effekts belassen.)

Anleitung:
Die Schüler wissen größtenteils, dass man beim Pendeln z. B. Vorhersagen über Geschlechter trifft, dem Pendel also die „magische Fähigkeit" der Unterscheidung von männlich und weiblich zuspricht.
Das Experiment wird so eingeführt, als wolle man diese Fähigkeit des Pendels nun testen und bestätigen.

Die Schüler erhalten vorbereitete Pendelkarten (Kopiervorlage) und zwar so, dass je die Hälfte der Gruppe Karten mit gegenteiliger Aussage besitzt (die einen: männlich – Kreis, weiblich – gerade; die anderen: männlich – gerade, weiblich – Kreis). Das muss natürlich von den Schülern unbemerkt bleiben! Zum Beispiel kann striktes Schweigen verordnet werden („parapsychologisches Experiment"), oder die Karten werden nach Sitzreihen getrennt ausgeteilt, oder die Gruppen gehen in getrennte Räume („wegen der besseren Konzentration").

Nun halten die Schüler ein Pendel (das kann ein Provisorium aus einem Faden und einem kleinen, schweren Gegenstand sein) ganz still über die Karte. Sie sollen es nicht bewusst bewegen. Nach einer kurzen Zeit wird es anfangen zu schwingen. In den meisten Fällen geschieht das genau nach der Information auf der Karte. Das Pendeln kann dann mit der anderen Karte wiederholt werden.

Die Karten werden eingesammelt, und die Schüler sollen ihre Beobachtungen berichten. Fast alle werden den vorhergesagten Effekt bestätigen – das Pendel hat anscheinend die Fähigkeit der Geschlechterunterscheidung! Sobald aber die Schüler merken, dass unterschiedliche Anweisungen gegeben wurden, tritt der „Aha-Effekt" ein: Offensichtlich sind die Bewegungen des Pendels durch das eigene Wissen, wie es sich verhalten müsste, gesteuert worden.

Darauf folgt die Erklärung des Carpenter-Effekts:

Der „Carpenter-Effekt" besteht darin, dass jede Bewegungs*vorstellung* einen Antrieb zum *Vollzug* dieser Bewegung einschließt. Der Physiologe W. B. Carpenter beschrieb das 1852 als „ideomotorisches Prinzip", d. h. es wirken feinste Kapillarbewegungen des Körpers zusammen mit Gedanken und Vorstellungen, die die Bewegung des Pendels erzeugen (s. auch didaktische Überlegungen).

Hinweis: Bei Wolfgang Hund: Okkulte Phänomene erfahren und hinterfragen (s. Literaturverzeichnis) finden sich Vorlagen für Pendelkarten.

M 3 **Geisterbotschaften oder Tiefenpsychologie?**
Experiment zur Wirkungsweise des Glasrückens (Ouija-Board)

(Es gilt die gleiche Bemerkung, die zu M 2 gemacht wurde.)

Anleitung:
Glasrücken wird praktiziert, um Antworten auf persönliche Fragen zu erhalten. Oft geht es um eine Vorhersage der Zukunft, die dann als „Geisterbotschaft" gedeutet wird. Vor allem die Anwendung des Glasrückens bei spiritistischen Séancen lässt es als Medium für Geisterbotschaften erscheinen.

Dieses Experiment sollte daher von Anfang an kritisch eingeführt werden: Es geht um die Erklärung des Effekts, der nichts mit Geisterbotschaften zu tun hat.

Zunächst wird ein sogenanntes „Ouija-Board" hergestellt. Dieses ist eine große Pappe in Kreisform (möglich auch Halbkreis oder Viereck), auf die die Buchstaben des Alphabets, die Ziffern 0–9 sowie einige Kurzantworten (JA, NEIN, GUT, SCHLECHT) geschrieben werden (Aufkleben empfiehlt sich nicht, da dann das Glas nicht so gut gleitet). Die Kurzantworten können je nach Bedarf auch variiert werden.

Nun wird ein umgestülptes Glas in die Mitte gestellt. Die um den Tisch herumsitzenden Schüler (kleine Gruppe) legen ihre Zeigefinger leicht auf das Glas. Sie sollen es nicht bewusst bewegen. Eine Frage wird in den Raum gestellt. Nach kurzer Zeit wird das Glas zu gleiten beginnen und nacheinander zu verschiedenen Buchstaben oder Kurzantworten rutschen. Daraus wird die Botschaft zusammengesetzt, die durchaus auch „verschlüsselt" oder doppeldeutig sein kann (Wahrsageeffekt!).

Anschließend wird mit den Schülern über ihr Erlebnis gesprochen, Möglichkeiten des Zustandekommens des Effektes werden überlegt. Zur Erklärung wird vor allem der Carpenter-Effekt, der Jung'sche „Agent provocateur"und Wirkungen des Unbewussten herangezogen (s. didaktische Überlegungen).

Hinweis: Eine Vorlage findet sich bei Wolfgang Hund: Okkulte Phänomene erfahren und hinterfragen (s. Literaturverzeichnis).

Experiment zum Hellsehen (Präkognition)

M 4

(Hier handelt es sich um einen Trick, der sich z. B. in Zauberkästen für Kinder findet und mathematisch leicht erklärt werden kann. Er demonstriert, wie einfache Tricks durch „okkulte" Verpackung interessant gemacht werden.)

Anleitung:
Durch Hellsehen, also die Kenntnis von Sachverhalten, die ich eigentlich nicht wissen kann, versuchen „Okkultisten" oft, ihre paranormalen Fähigkeiten zu beweisen. Dafür gibt es eine Reihe von Tricks, die auch Zauberkünstler benutzen. In diesem Experiment wird ein solcher Trick, der auf einer mathematischen Gesetzmäßigkeit beruht, vorgestellt. Er soll auf unterhaltsame Weise die Schüler zum kritischen Hinterfragen von vermeintlich paranormalen Fähigkeiten ermutigen.

Es wird ein verschlossener Briefumschlag im Raum hinterlegt, in dem eine vorbereitete Antwort steht. In unserem Falle lautet sie „STERN".
Ein Schüler denkt sich eine Zahl zwischen 10 und 50. Eine Anordnung von Zeichen wird mit dem Overhead-Projektor an die Wand projiziert oder ist auf Papier gezeichnet (s. unten). Der Schüler tippt nun auf das Startfeld, sagt „eins" und zählt von da ab weiter, zunächst gegen den Uhrzeigersinn, bis er seine Zahl erreicht. Auf diesem Feld sagt er wieder „eins" und zählt, nun im Uhrzeigersinn, bis er seine Zahl erreicht. Er wird auf dem Zeichen „Stern" stehen bleiben. Genau das steht im Brief – der Briefschreiber hat also die Fähigkeit der Präkognition!

Die Wiederholung dieses Experiments wird schnell zeigen, dass es immer bei demselben Stern bleibt, egal, welche Zahl zwischen 10 und 50 gewählt wird. Das mathematische Prinzip kann erklärt werden: Es handelt sich einfach nur um ein Vor- und Rückwärtszählen im Kreis, das immer bei derselben Zahl (demselben Zeichen) endet ($0 + x - x = 0$). Versteckt wird das Prinzip hinter dem „Anlauf" von fünf Feldern, sodass im Kreis das betreffende Symbol genau 5 Felder (im Uhrzeigersinn) nach demjenigen stehen muss, mit dem der Kreis betreten wird.

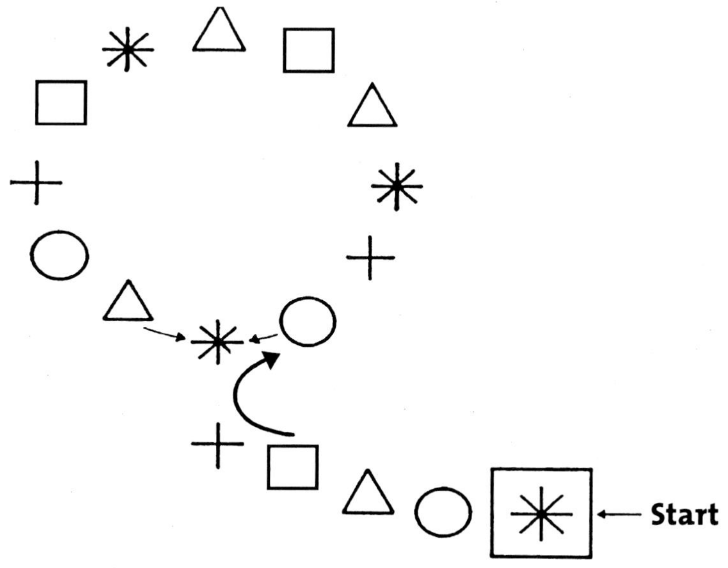

M 5 Oscar Wilde: Lord Arthur Saviles Verbrechen

(Nacherzählung nach: Oscar Wilde, Das Gespenst von Canterville. Erzählungen und Märchen, Leipzig [6]1988, S. 43 ff.)

Lady Windermere hatte zu einem ihrer bekannten Gesellschaftsabende eingeladen. Diese Abende boten der Londoner Aristokratie immer etwas Besonderes, weil die Lady eine Vorliebe für ungewöhnliche Dinge pflegte, die einen Hauch des Okkulten an sich haben. Zur Zeit war es die Chiromantie – das Handlinienlesen, das von einem gewissen Mr. Podgers professionell betrieben wurde.

Podgers wurde von Lady Windermere als „Salonlöwe" vorgeführt und hatte reichlich zu tun, den neugierigen Lords und Ladies aus der Hand zu lesen.

Unter ihnen ist auch Lord Arthur Savile, ein etwas schüchterner, sympathischer junger Mann, der in Kürze seine Verlobte Sybil heiraten möchte. Verständlich, daß ihn seine Zukunft interessiert. Er bittet Lady Windermere um Vermittlung, und Podgers liest ihm aus der Hand. Doch er sagt nichts, er wird nur blaß und schwitzt. Da die Gesellschaft um die beiden herumsteht und auf Sensationen lauert, gibt er einige Belanglosigkeiten von sich sowie die Nachricht, daß eine entfernte Verwandte von Lord Arthur sterben wird. Enttäuschend für die sensationslüsternen Gäste!

Doch der Lord hat genau gemerkt, daß ihm Podgers etwas verheimlicht. Es gelingt ihm, gegen ein Honorar die ganze Wahrheit zu erfahren – eine bittere Wahrheit! Lord Arthur Savile, so lautet die Vorhersage des Chiromanten, wird einen Mord begehen!

Eine Nacht bringt der junge Mann mit wirren Gedanken und schrecklichen Visionen zu. Dann siegt sein Verstand. Mit dem Morgen kommen die klaren, berechnenden Gedanken, die den Lord auszeichnen: Das Schicksal ist unausweichlich, er muß es als seine Pflicht begreifen!

Zunächst verschiebt er seine Hochzeit. Die Sache hat vorher zu geschehen – und zwar so, daß der Schaden begrenzt und sein weiteres Leben nicht gestört werden. Er muß den Mord einfach gut planen und einen Menschen umbringen, um den es – na, sagen wir: nicht ganz so schade ist.

Ihm fällt sofort eine entfernte Verwandte ein, Lady Clem, wie sie genannt wird. Sie geht allen auf die Nerven mit ständig neuen eingebildeten Krankheiten, vor allem leidet sie unter Sodbrennen. Wenn er sie beseitigt, würde sich auch die andere Prophezeiung Podgers erfüllen!

Lord Arthur studiert ein Buch über Gifte, entscheidet sich für Eisenhut, kauft in einer Apotheke eine entsprechende Giftkapsel (angeblich um einen großen, kranken Hund zu töten), legt sie in eine silberne Bonboniere und schenkt sie Lady Clem als neue Medizin gegen ihr Sodbrennen. Die Dame ist begeistert, darf sie aber erst beim nächsten Anfall einnehmen. So bleibt dem Lord Zeit, nach Venedig zu reisen, um ein Alibi für die Tatzeit zu haben.

Tatsächlich erreicht ihn in Venedig die Nachricht von Lady Clems plötzlichem Tod. Welche Erleichterung! Lord Arthur reist zurück – und muß eine böse Überraschung erleben. Seine Verlobte hat die Bonboniere gefunden, und die Giftkapsel ist noch unversehrt darin. Die Lady ist eines natürlichen Todes gestorben!

Die Hochzeit muß wieder warten. Lord Arthur Savile muß seine Pflicht erfüllen, die ihm sein Schicksal vorschreibt. Diesmal sollte er aber Sprengstoff verwenden, der wirkt schnell und zuverlässig. Als Opfer erscheint ihm sein Onkel, der Dekan von Chichester, geeignet. Der Geistliche hat eine große Sammlerleidenschaft: Uhren. Eine davon könnte ihm zum Verhängnis werden, nämlich wenn sie Sprengstoff enthält.

Seine Beziehungen zu einem russischen Anarchisten führen Lord Arthur zu dem deutschen Bombenbastler Winckelkopf, der ihm eine entsprechende Uhr präpariert. Sie wird auf Freitag 12 Uhr eingestellt.

Der Lord wartet vergeblich auf die Todesanzeige. Aus einem Brief erfährt er, daß die Uhr zur Belustigung der ganzen Familie nur gepufft hat. Ja, man habe sich einen Spaß daraus gemacht und immer etwas Schießpulver nachgelegt, um so einen Wecker mit Knalleffekt zu erhalten.

Winckelkopf bietet Lord Arthur neue Bomben an, doch dieser lehnt ab. Er ist verzweifelt. Der Mord will ihm nicht gelingen. Doch wie soll er seine Verlobte heiraten, wenn diese Schicksalsbestimmung über seinem Leben schwebt? Eines Nachts geht er mit trübsinnigen Gedanken durch London. Gegen 2 Uhr sieht er auf einer Themsebrücke einen Mann stehen, der sich halb über das Geländer lehnt. Als sich der Lord ihm nähert, erkennt er das Gesicht: Es ist Mr. Podgers! Gedanke und Tat verschmelzen, Lord Arthur packt Podgers bei den Beinen und wirft ihn kurzerhand über das Geländer. Ein Fluch, ein Aufprall, zurück bleibt der Hut auf dem Wasser.

Der nächste Tag vertreibt alle Ungewißheit. In den Zeitungen steht die Nachricht vom Selbstmord des berühmten Chiromanten, der wohl schwermütig geworden sein muß.

Lord Arthur Savile kann nun heiraten, die Pflicht ist erfüllt, das Schicksal bei den Hörnern gepackt. Noch Jahre später, als er glücklicher Familienvater ist, lobt er die Chiromantie: Ihr verdankt er schließlich sein Lebensglück!

Tafelbild oder Arbeitsblatt für die Zusammenfassung

M 6

(Muster, wird nach Schülerantworten und Gesprächsverlauf variiert)

„Okkulte" Praktiken	*Was geben sie vor?*	*Worauf beruhen sie?*
Pendeln, Glasrücken	*Fragen zu beantworten Zukunft vorherzusagen*	*Muskelbewegungen (Carpenter-Effekt), Unbewusstes, Impulse*
Kartenlegen	*wie oben*	*Zufall der Kartenlage, Deutung der Symbolik*
...		
...		

Folgen ?

(Z. B.) Glaube daran
... kann Handeln bestimmen, auch unbewusst;
... kann Angst machen,
... kann eigene Verantwortung/Initiative blocken

M 7 Jugendliche in der Okkultszene

Fallschilderung aus einer empirischen Untersuchung

Das folgende Beispiel von Silke (Name geändert) ist der empirischen Untersuchung von Johannes Mischo (S. 46–50) entnommen (s. Literaturverzeichnis) und wird stark gekürzt wiedergegeben.

Die 15-jährige Silke verliert ihren Bruder durch einem Motorradunfall. Sein Tod trifft sie wie ein Schock.

Silke: *„Als das mit meinem Bruder passiert ist ..., da wollte ich mich umbringen. Ich war sowieso total mit Tabletten zu. Bald hoffte ich, den sehe ich noch mal, bald hatte ich plötzlich Angst mich umzubringen."*

In dieser Trauerphase bekommt sie aus dem Freundeskreis des verstorbenen Bruders ein Angebot.

Silke: *„Die haben gesagt, sie hätten das mit dem Glas gemacht und Kontakt mit meinem Bruder bekommen. ... Er hat mich gefragt, ob ich an so was glaube wie Leben nach dem Tod und ob ich einmal mitmachen würde. Zuerst wusste ich nicht so genau, ob ich das tun sollte. Ich glaube zwar schon, dass irgendwie etwas nach dem Tode ist, aber ich wusste nicht, ob man auch Kontakt zu den Toten aufnehmen kann."*

Silke nimmt an einer Sitzung teil, schaut aber nur zu. Ihre Reaktion:
„Da kamen Sachen darin vor, die halt nur mein Bruder wissen konnte. Da habe ich erst furchtbar geheult, war total fertig. Weil ich Angst gehabt habe, war mir total elend."

Silke ist so mitgenommen, dass sie nicht nach Hause gehen kann und bei der Tante, in deren Wohnung die Sitzung stattgefunden hat, übernachtet. Am nächsten Morgen berichtet sie ihren Eltern davon. Die Mutter glaubt Silke, was sie erlebt hat. Der Vater ist skeptisch (er ist übrigens nach dem Tod des Sohnes aus der Kirche ausgetreten). Alle drei nehmen bald darauf an einer weiteren Sitzung teil, die während einer Erstkommunionsfeier (!) im Verwandtenkreis stattfindet.

Silke: *„Die Mutter konnte am Anfang überhaupt nichts sagen, die hat nur dagesessen und hat geheult. Mein Vater hat am Anfang nicht daran geglaubt. Er hat gesagt: ‚Ihr macht euch damit total fertig, und ich beweise euch jetzt, dass es irgendwo aus dem Unterbewusstsein oder was weiß ich wo herkommt. Ich schreibe euch einen Satz auf einen Zettel.' – Der Vater war nicht im Kreis, hat den Zettel beschrieben, uns aber nicht gezeigt."*

Die Gruppe sollte nun mittels Glasrücken den Inhalt des Zettels buchstabieren. Das gelingt tatsächlich, obwohl der Vater etwas Sinnloses geschrieben hatte, das nicht zu erraten war. Daraufhin ist nun auch der Vater vom Funktionieren der spiritistischen Sitzung überzeugt. Es etabliert sich ein Zirkel, zu dem auch andere Menschen hingehen.

Silke: *„Zu Beginn haben wir's ungefähr drei Monate hindurch jede Nacht durchgezogen, wir haben abends um zehn Uhr angefangen und dann bis nachts um vier Uhr getagt, je nachdem, wieviel gesagt wurde."* – Es sei gewesen *„wie eine Sucht, aber nicht so sehr nach dem Abenteuer, sondern ich habe halt meinen Bruder vermisst und wollte unbedingt mit ihm reden, deshalb halt."*

Wie wirkten diese Sitzungen auf Silke?

Silke: *„Vor allem am Anfang haben mich diese Erlebnisse ziemlich durcheinander gebracht. Zunächst hatte ich Angst, mir war total elend, ich habe geheult. Und dann habe ich lauter so Halluzinationen oder so was gehabt ... Ich bin wach geworden und habe alles Mögliche gehört, und bei jedem Knacken ist mir schlecht geworden. Und dann bin ich zu meiner Schwester ins Zimmer rüber, die hat genauso etwas gehabt."* (Die Schwester hatte auch an den Sitzungen teilgenommen.)

Über Personen, die das erste Mal an spiritistischen Sitzungen teilnehmen, berichtet Silke:
„Die fragen ja auch erst mal so Sachen, die sie interessieren, und dann heulen sie meistens auch, wie etwa die eine Kartenlegerin, die nach ihrem Vater oder Opa gefragt hat, wie er sie genannt hat, und dann kam halt die richtige Antwort, und dann hat sie auch daran geglaubt. ... Da kam einmal eine meiner Freundinnen, mit der ich früher öfters zusammen war, zu uns, ganz unverhofft morgens in den Ferien. Wir waren gerade mit dem Glas dabei, und da kam die zu uns, hat das gesehen, dass es sich bewegt, und da ist sie total ausgeflippt und bei uns durch das Haus gerannt, hat geheult, war total fertig. ... Dann haben wir erst mal damit aufgehört und haben mit ihr gesprochen, und dann haben wir sie gefragt, ob sie da mitmachen will. Wir haben geglaubt, dass sie dadurch vielleicht ein bisschen ruhiger wird. Sie hat aber gesagt, sie hätte Angst davor, und hat auch nie mitgemacht."

M 7

Mit der Regelmäßigkeit der okkulten Praxis festigt sich der Gemütszustand von Silke. Sie glaubt fest an das Jenseits der Verstorbenen. Jedoch hat sie das Ausgangsproblem, die Trauer über den verstorbenen Bruder, nicht bewältigt. Sie sagt auf die Frage, wie es ihr im Moment gehe:
„Ich habe eher total Probleme. ... Ich vermisse meinen Bruder total, obwohl ich jetzt irgendwie abgelenkt bin. Aber wenn irgendjemand vorbeikommt und mich mit meinem Bruder vergleicht, oder wenn ich manchmal mit Freunden rede, fange ich an zu heulen und weiß nicht warum. Ich bin dann plötzlich so deprimiert. Und wenn es so ein total lustiger Abend ist, dann habe ich nachher immer ein schlechtes Gewissen wegen meines Bruders, dass ich mich da köstlich amüsiert habe ... Irgendwie ist das schon in Ordnung, aber dann sage ich mir immer: Wie kannst du denn jetzt lachen, wenn das da passiert ist?"

M 8 Sachinformationen zur Astronomie und zur Astrologie

(Hinweis: Mit älteren Schülern und mit Erwachsenen kann anhand von Definitionen bzw. Lexikonartikeln zu den entsprechenden Stichworten gearbeitet werden. Im Folgenden werden zwei vereinfachte Beschreibungen angeboten.)

Die Astronomie
ist eine Naturwissenschaft, die sich mit der Erforschung der Himmelskörper beschäftigt. Dazu gehören z. B. die Fragen nach der Entstehung des Universums, der Sterne, der Planeten, der Galaxien und nach ihren Bewegungen; die Fragen nach der Zusammensetzung der Materie im Weltall; schließlich die Fragen nach der Zukunft des Universums.
Früher war die Astronomie fast untrennbar mit der Astrologie verbunden. Ein schönes Beispiel dafür sind die „Weisen aus dem Morgenland" in der Geburtsgeschichte Jesu nach dem Matthäusevangelium. Es sind Astronomen, die mit wissenschaftlichen Mitteln den Himmel beobachten, zugleich aber der Konstellation der Planeten und Gestirne eine Bedeutung für die Menschen zumessen. Sehr wahrscheinlich ist es, dass sie die Konjunktion der Planeten Jupiter (= Königsstern) und Saturn (= Stern der Juden) beobachteten und daraus schlossen, dass ein König der Juden geboren sein müsse.
In der Neuzeit löste sich die Astronomie endgültig von der Astrologie und verband sich eng mit der Physik. Johannes Kepler, Galileio Galilei und Isaac Newton sind bekannte Namen, die astronomische Beobachtungen mit mathematisch-physikalischen Berechnungen verbanden. Zunächst wurden die Bahnen der Planeten berechnet. Nach und nach gewann man immer mehr Erkenntnisse über den Aufbau und die Zusammensetzung der Materie im Universum. Heute bestimmen komplizierte Theorien der Physik die astronomische Forschung, vor allem die Kosmologie, die sich mit den Vorgängen der Entstehung und Entwicklung des Universums beschäftigt.

Die Astrologie
geht davon aus, dass es einen Zusammenhang zwischen dem „himmlischen" Geschehen (also dem, was sich mit den Himmelskörpern abspielt) und dem „irdischen" Geschehen (also dem, was das Schicksal der Erde und der Menschen betrifft) gibt. Es ist eine Sterndeutung, die auf diesem Glauben beruht, dass die Konstellationen der Himmelskörper unser Schicksal beeinflussen.
Populär sind vor allem Horoskope in den Zeitungen, die Verhaltensregeln für einen Zeitraum vorgeben, nach denen sich die Menschen richten sollten, je nachdem, unter welchem Sternzeichen sie geboren sind. Diese Regeln sind entweder so allgemein, dass sie immer zutreffen, oder sie widersprechen sich. Sie sind daher leicht als unwissenschaftlich zu entlarven.
Moderne Astrologen hingegen berechnen Schicksalsvoraussagen viel komplizierter und mit Hilfe von Computern. Aber auch sie gehen von der – wissenschaftlich nicht haltbaren – Annahme aus, dass es einen berechenbaren Schicksalszusammenhang zwischen Makrokosmos (= das Universum mit seinen Himmelskörpern) und Mikrokosmos (= das Leben auf der Erde) gäbe. Zum Teil treffen die Voraussagen der Astrologie zu – und dann wird ein unkritischer Glaube genährt, dass das ganze System stimmen müsse. Man übersieht dabei nur die vielen Voraussagen, die nicht zutreffen!
Viele Menschen suchen in der Astrologie eine Ersatzreligion, die ihnen Halt und Vertrauen zusprechen kann. Das nutzen geschäftstüchtige Astrologen aus.

Kritische Anfragen an die Astrologie

M 9

Die Fragen können als Grundlage für eine Gruppenarbeit dienen und sind dann entsprechend auszuwählen. Die Erklärungstexte sollten dann nur zur Orientierung dienen und gegebenenfalls später in die Diskussion eingebracht werden.

Ist der Zeitpunkt der Geburt wirklich so entscheidend für den Charakter und die Entwicklung des Menschen?

Wir wissen, dass einerseits genetische Anlagen und andererseits Umweltfaktoren (einschließlich Erziehung und Sozialkontakte) einen Menschen prägen. Genetische Festlegungen und sogenannte „pränatale" Einflüsse, also alles, was das werdende Kind im Mutterleib „erlebt", haben schon zum Zeitpunkt der Geburt zu bestimmten Entwicklungsvoraussetzungen geführt. Nach der Geburt sind Umweltfaktoren von großer Bedeutung. Deshalb können z.B. eineiige Zwillinge oder Menschen mit genau dem gleichen Geburtshoroskop ganz verschiedene Entwicklungen nehmen. Die astrologische Auffassung, dass aus dem Geburtshoroskop wesentliche Entwicklungen geschlossen werden können, beruht daher auf dem Glauben, dass der Einfluss der Himmelskörper zum Zeitpunkt der Geburt stärker als jene beschriebenen Faktoren ist. Das widerspricht allerdings unseren Kenntnissen.

Stimmt der Zusammenhang zwischen Sternbildern und menschlichen Eigenschaften?

Den Sternbildern werden jeweils bestimmte Eigenschaften beigemessen. So soll der Wassermann z. B. wissbegierig, intuitiv veranlagt sein und fortschrittlich denken. Der Skorpion hingegen soll zwiespältig, problematisch, unausgeglichen und aufbrausend sein. Die Sternbilder bezeichnen eine Reihe von menschlichen Charaktereigenschaften, die erfahrungsgemäß tatsächlich in den beschriebenen Gewichtungen vorkommen. Kann man jedoch vom Sternbild auf den Menschen und umgekehrt von den Eigenschaften eines Menschen auf sein Sternbild (des Geburtshoroskopes) schließen? Hier landet man allenfalls Glückstreffer. Es ist statistisch keine Häufung von bestimmten Begabungen nachgewiesen worden, die im Zusammenhang mit dem Geburtshoroskop steht – z. B. dass alle Künstler „Wassermänner" seien.
Der Fehlschluss der Astrologie liegt wohl darin, dass die Namen und Eigenschaften der Himmelskörper und Sternbilder aus alten Mythologien stammen, die menschliche Vorgänge (z. B. Krieg) und Eigenschaften mit himmlischen Konstellationen in Verbindung gebracht haben. Es besteht also tatsächlich ein *symbolischer* Zusammenhang, aber kein *kausaler*, d. h. keine Beeinflussung unseres Schicksals durch die Himmelskörper.

Stimmt die Stellung der Sterne?

Die Astrologie geht z. T. von Himmelskarten aus, die sehr alt sind. Wir wissen aus der astronomischen Forschung, dass das gesamte Universum in Bewegung ist. Die Stellung der Gestirne ist heute ganz anders als vor Tausenden Jahren, als die alten Grundlagen der Astrologie in Ägypten und Babylonien geschaffen wurden.
Andererseits sehen wir die Sterne und Planeten gar nicht dort, wo sie sich im Augenblick wirklich befinden, da das Licht einige Zeit braucht, um uns zu erreichen. Zum Beispiel braucht das Licht vom Uranus zur Erde ca. 2 Stunden und 30 Minuten. Viele Berechnungen der Astrologie – auch wenn sie mit Computern angestellt werden – stimmen daher einfach nicht.
Weiterhin sind große Sternhaufen (die Galaxien) erst viel später entdeckt worden und spielen in der Astrologie keine Rolle, obwohl sie riesige Energie- und Masseansammlungen sind. Ganz zu schweigen von den modernen Entdeckungen kosmischer Materie ...

Warum unterscheiden sich Horoskope so stark?

Wenn die Grundlagen der Astrologie stimmen würden, dürften sich die Horoskope, die für den gleichen Zeitpunkt erstellt werden, nicht so stark unterscheiden (vgl. Horoskope in verschiedenen Zeitungen). Die Formulierungen sind so allgemein und mehrdeutig, dass nach dem Prinzip „Irgend etwas stimmt immer" Teilaussagen im Nachhinein bestätigt werden. Das funktioniert aber auch ohne Astrologie!

M 9

Was sind die Motive von Astrologen?

Astrologen treten als Lebensberater, manchmal gar als Seelsorger auf, die ihre Beratung auf ein scheinbar wissenschaftliches System aufbauen. Mancher Rat kann gut sein, mancher in die Irre führen. Manche mögen die Astrologie rein aus geschäftlichem Interesse betreiben, andere glauben tatsächlich an die Richtigkeit der Aussagen.

Zwei Umstände sollten zu denken geben:

- In dieser Branche wird heute sehr viel Geld verdient. Astrologie wird an Menschen vermarktet, die Rat suchen.
- Die Ratsuchenden vertrauen auf den Astrologen, ja sie glauben an die Stimmigkeit des Systems. Ist das nicht oft der Ersatz für einen – vielleicht verlorengegangenen – Glauben an eine göttliche Offenbarung, die Hoffnung und Leben verheißt?

Was hat Astrologie mit Okkultismus zu tun?

Die Astrologie ist von ihren Grundlagen her eine Geheimlehre, die nur den Kundigen und Eingeweihten zugänglich ist. Auch wenn man sich heute entsprechende Computersoftware kaufen kann, so bleibt das richtige Deuten der Horoskope doch immer eine Sache der „richtigen" Astrologen, die eine „Auslegungsautorität" für sich in Anspruch nehmen und somit eine Art priesterliche Funktion wahrnehmen (der Priester vermittelt zwischen Himmlischem und Irdischem). Da Gläubigkeit und gegebenenfalls eine Abhängigkeit von einem Deutesystem und von der Autorität einzelner Menschen erzeugt werden, können bei den Menschen, die sich auf astrologische Aussagen fixieren, Okkultsymptome auftreten (Ängste und Zwänge, bestimmte Handlungen zu tun, verbunden mit wachsender Unselbständigkeit hinsichtlich eigenverantwortlicher Entscheidungen und Handlungen).

Tafelbild oder Arbeitsblatt

(Der Text in der Tabelle ist ein Beispiel für *erwartete* Schülerleistungen.)

M 10

Unterscheidungsmerkmale von Wissenschaft und Pseudowissenschaft am Beispiel der Astrologie

Astrologie gibt sich wissenschaftlich durch ...	Astrologie ist nicht wissenschaftlich, weil ...
... genaue Beschreibung der Bewegung der Himmelskörper (wie Astronomie)	*... aus den Bewegungen der Himmelskörper Schlüsse gezogen werden, die nicht mehr wissenschaftlich nachvollzogen werden können*
... traditionell gewachsene Lehrsysteme über die Auswirkung von Konstellationen der Himmelskörper auf das Schicksal der Menschen	*... die Lehrsysteme zum Teil auf wissenschaftlichen Voraussetzungen des Altertums beruhen (Konstellation der Himmelskörper, Auffassung von Raum, Zeit, Universum)*
... computergestützte Berechnungen und Horoskope	*... die Berechnungen keinen Beweis für die Grundannahme der Astrologie liefern, dass ein Wirkungszusammenhang zwischen Makrokosmos und Schicksal des Menschen besteht*
... Einbeziehung psychologischer Sachverhalte *... Einbeziehung neuester Begriffe aus der physikalischen Kosmologie*	*... die psychologischen und physikalischen Begriffe aus ihrem ursprünglichen Zusammenhang gerissen und in das System der Astrologie eingebaut werden; sie werden selektiv verwendet, d. h. vor allem das, was sich gut verwenden lässt*
... (weitere Erkenntnisse der Schüler)	

Parapsychologie

„Parapsychologie ist die 1889 von dem Berliner Psychologen und Philosophen Max Dessoir (1867–1947) geprägte Bezeichnung für jene Wissenschaft, die ‚die aus dem normalen Verlauf des Seelenlebens heraustretenden Erscheinungen' untersucht. ... Die Parapsychologie stellt somit den Versuch dar, mit etablierten wissenschaftlichen Methoden ‚okkulte', ‚übersinnliche' oder ‚übernatürliche' Phänomene kritisch auf ihren Tatsachengehalt hin zu überprüfen und, sofern möglich, in den Rahmen derzeit geltender Erklärungsmodelle (‚Paradigmen') von Psyche und Natur einzuordnen. Insofern ist die Parapsychologie eine ‚Interdisziplin' oder eine ‚Basiswissenschaft', die weder ausschließlich den Humanwissenschaften (z. B. der Psychologie) noch den Naturwissenschaften (z.B. der Physik) zugeordnet werden kann."
Eberhard Bauer, Stichwort: Parapsychologie, in: Gasper/Müller/Valentin, Lexikon der Sekten, Sondergruppen und Weltanschauungen, Freiburg 1994, Sp. 796 f.

„Diese neue Wissenschaft untersucht die Phänomene, die nicht der Kontrolle unserer fünf Sinne unterliegen und die mit den heutigen wissenschaftlichen Kenntnissen von den Naturgesetzen nicht oder nur teilweise zu erklären sind. Parapsychologische Phänomene treten im Rahmen teilweise noch unbekannter Naturgesetze auf und sind keine Erscheinungen des Göttlichen oder des Lebens nach dem Tod."
Armando Pavese, Handbuch der Parapsychologie, Augsburg 1992, S. 259

Psychomiletik

Der italienische Wissenschaftler Armando Pavese, der sich mit paranormalen Erscheinungen befasst, hat neuerdings einen Begriff vorgeschlagen, der den der Parapsychologie ersetzen könnte: die Psychomiletik. Der Begriff leitet sich von zwei griechischen Wörtern ab: psyche (Seele) und homilein (mitteilen, kommunizieren). Es ist eine tiefenpsychologische Theorie, die allerdings auch Wirkungen seelischer Vorgänge auf stoffliche Materie zulässt. Jedwede spiritistische Interpretation wird damit abgelehnt.
Die Grundthese Paveses ist es, dass über die bekannten paranormalen Erscheinungen Menschen etwas mitteilen wollen. Es sind, so Pavese, immer „leidende Seelen", die paranormale Erscheinungen über ihr Unterbewusstsein hervorbringen. Das Leid (Pathos) kann auf schmerzliche Lebenserfahrungen zurückgehen und löst – gemeinsam mit anderen Ursachen, wie z. B. Emotionalität, Interesse am Übernatürlichen, Konfliktzustände – den sog. „Kommunikationsfaktor" aus. Das ist ein Impuls an das Unbewusste, das paranormale – oder besser: psychomiletische – Phänomen zu produzieren.
Wenn diese Theorie auch nicht jeden Vorgang im Detail beschreiben kann, so ist sie doch für die Betrachtung okkulter Phänomene sehr hilfreich. Sie kann die Phänomene ohne Zuhilfenahme von Geistern interpretieren und richtet das Augenmerk auf den Menschen mit seinen Lebensumständen und Leidenszuständen. Ein therapeutischer und seelsorgerlicher Umgang mit scheinbar „okkulten" Personen wird damit gefördert.
Pavese ist als christlicher (katholischer) Wissenschaftler zudem darum bemüht, theologisch vertretbare Interpretationen paranormaler Erscheinungen zu liefern. Das führt zu einer klaren Ablehnung esoterischer Vermischungen z. B. zwischen Christentum und Spiritismus.
(Ausführlicher nachzulesen in den Werken Paveses, s. Literaturverzeichnis.)

Informationsblatt: PSI-Phänomene

M11.2

Die Vorsilbe „psi" leitet sich vom griechischen Anfangsbuchstaben des Wortes „Psyche" ab. Sie bedeutet in diesem Zusammenhang soviel wie „paranormal".

Es werden im wesentlichen zwei Formen paranormaler Erscheinungen unterschieden:

1. Psi-kognitive (intellektuelle) Erscheinungen, die mit der Wahrnehmung des Seins oder des Werdens solcher Phänomene zu tun haben *(A.Pavese)*. Sie werden auch als „Außersinnliche Wahrnehmung" (ASW) bezeichnet.

2. Psi-kinetische (physikalische) Erscheinungen, welche die Auswirkungen auf die Materie betreffen *(A.Pavese)*. Sie werden auch als „Psychokinese" (PK) bezeichnet.

Zur ersten Gruppe (ASW) gehören z. B.:	Zur zweiten Gruppe (PK) gehören z. B.:
– Telepathie – Hellsehen – Präkognition	– Telekinese – Levitation – Psychophonie – Apport/Asport – Materialisation (Bildung von Ektoplasma) – Direktes Malen/Zeichnen – Bilokation (Viele dieser Phänomene sind auch als „Spukvorgänge" bekannt.)

M12.1

Telepathie in unserer Erfahrung

Ein Ehepaar spaziert an einem schönen Sommerabend durch den Stadtpark. Plötzlich sagt die Frau: „Du, wir müssen vor dem nächsten Weihnachtsfest unbedingt einen neuen Christbaumständer kaufen." – „Na so etwas", entgegnete der Mann, „genau den gleichen Gedanken hatte ich jetzt auch! Komisch, dass wir mitten im Sommer beide zur gleichen Zeit an Weihnachten denken. Das muss Gedankenübertragung sein!"
Sie blicken auf ihrem Spazierweg zurück und können sich dann den Vorgang erklären.

Das Ehepaar hatte sich letztes Weihnachten einen besonders schönen Baum gekauft, eine Nordmann-Tanne. Ihr Stamm war nur zu stark für den Christbaumständer, der Mann musste ihn mühevoll passend machen. So beschloss die Familie, zum nächsten Fest einen größeren Ständer zu kaufen. Nach Weihnachten war der Gedanke zunächst vergessen.
Hier im Stadtpark stand genauso eine Nordmann-Tanne. Durch sie wurden die beiden Spaziergänger an ihr Vorhaben erinnert – kein Wunder, dass beide gleichzeitig an Weihnachten dachten!

„Telepathie" als Erlebnis kann also durch einen auslösenden Reiz zustande kommen, der eine gemeinsame Erfahrung oder Erinnerung zurückruft. Vergleichbar ist das mit einem „bedingten Reflex", wobei die Konditionierung bei zwei Menschen unter gleichen Umständen erfolgt sein muss.

M12.2

Telepathie/Hellsehen als Trick

Schon in Zauberkästen für Kinder gibt es eine Reihe von Tricks mit Zahlentafeln und Karten, die sich hervorragend als scheinbare Demonstration für Telepathie oder Hellsehen eignen. Es kommt dabei vor allem auf die Einführung als „telepathisches Experiment" an.
Ein Beispiel:
Ein Teilnehmer zieht aus einem Kartenspiel eine Karte, sieht sich den Kartenwert an, geht in eine Ecke des Raumes und hält die Karte mit dem Rücken zu den übrigen hoch. Der „Telepath" „empfängt" den Kartenwert unter sichtlicher Konzentration und geistiger Anstrengung.
Hier handelt es sich um die Kunst, den Teilnehmer eine bestimmte, dem „Telepathen" bekannte Karte ziehen zu lassen. Zauberkünstler nennen das „Forcieren" und kennen eine Reihe von Möglichkeiten dafür oder arbeiten mit präparierten Kartenspielen (das ist Anfängern zu empfehlen).
Ein anderes Beispiel:

Ein Teilnehmer denkt sich eine Zahl zwischen 1 und 100. Er konzentriert sich darauf. Der „Hellseher" zeigt ihm verschiedene Karten mit Zahlen und bittet den Teilnehmer, ihm nur diejenigen zurückzugeben, auf denen seine Zahl steht. Sofort kann der „Hellseher" die gedachte Zahl nennen. (Zum Ausprobieren s. **M 11.1** und **M 11.2**; vgl. auch **M 4**)

Hellseh-Trick **M 13**

Vorlage für Zahlenkarten. Die Leitzahl ist die jeweils erste Zahl.

1	21	41	61	81
3	23	43	63	83
5	25	45	65	85
7	27	47	67	87
9	29	49	69	89
11	31	51	71	91
13	33	53	73	93
15	35	55	75	95
17	37	57	77	97
19	39	59	79	99

2	22	42	62	82
3	23	43	63	83
6	26	46	66	86
7	27	47	67	87
10	30	50	70	90
11	31	51	71	91
14	34	54	74	94
15	35	55	75	95
18	38	58	78	98
19	39	59	79	99

4	22	44	62	84
5	23	45	63	85
6	28	46	68	86
7	29	47	69	87
12	30	52	70	92
13	31	53	71	93
14	36	54	76	94
15	37	55	77	95
20	38	60	78	100
21	39	61	79	

8	26	44	62	88
9	27	45	63	89
10	28	46	72	90
11	29	47	73	91
12	30	56	74	92
13	31	57	75	93
14	40	58	76	94
15	41	59	77	95
24	42	60	78	
25	43	61	79	

16	26	52	62	88
17	27	53	63	89
18	28	54	80	90
19	29	55	81	91
20	30	56	82	92
21	31	57	83	93
22	48	58	84	94
23	49	59	85	95
24	50	60	86	
25	51	61	87	

32	42	52	62
33	43	53	63
34	44	54	96
35	45	55	97
36	46	56	98
37	47	57	99
38	48	58	100
39	49	59	
40	50	60	
41	51	61	

64	74	84	94
65	75	85	95
66	76	86	96
67	77	87	97
68	78	88	98
69	79	89	99
70	80	90	100
71	81	91	
72	82	92	
73	83	93	

Anleitung: *Ein Teilnehmer soll sich eine Zahl zwischen 1 und 100 merken. Er bekommt alle Zahlenkärtchen und wird gebeten, nur diejenigen zurückzugeben, auf denen seine Zahl steht.*
Der „Hellseher“ addiert einfach die Leitzahlen der zurückgegebenen Karten, und schon hat er die gemerkte Zahl (... richtiges Kopfrechnen vorausgesetzt ...)!
Beispiel: *Die Zahl 47 wird gewählt. Es werden die Karten mit den Leitzahlen 1, 2, 4, 8 und 32 zurückgegeben (nur sie enthalten die 47). Die Summe der Leitzahlen ist 47.*
Der Trick wirkt natürlich nur mit etwas geheimnisvollem Auftreten!

M 14 Informationstext

für Lehrer und für die Erwachsenenbildung

Telepathie als Gegenstand der parapsychologischen Forschung

Bekannt geworden sind vor allem Experimente zur Telepathie mit sogenannten „Zener-Karten" (nach Karl Zener, auch „ESP"-Karten genannt, von „Extra Sensory Perception" = ASW).
Dabei handelt es sich um Karten mit fünf verschiedenen standardisierten Symbolen (Welle, Kreis, Stern, Quadrat, Kreuz). Eine Person fungiert dabei als „Sender", sie konzentriert sich auf eines der Symbole. Eine andere Person, die keinen Sichtkontakt zur ersten hat, versucht, das Symbol auf telepathischem Wege zu empfangen. In der Regel wird mit 25 Karten gearbeitet, also 125 mal „gesendet". Liegt die Zahl der Treffer (richtige Benennung des Symbols) über der statistisch zu erwartenden Zahl, dann liegt nicht mehr nur reiner Zufall vor. Ist die Trefferzahl signifikant hoch, ist eine telepathische Übertragung bestätigt – aber noch nicht erklärt.

Die Parapsychologie fasst ihre Ergebnisse vorerst so zusammen:
1. „Psi-Effekte" sind unter Laborbedingungen statistisch-experimentell nachgewiesen;
2. es handelt sich dabei um allgemein verbreitete, aber unterschiedlich ausgeprägte „Fähigkeiten" des Menschen;
3. Die „Psi-Fähigkeit" hängt von unbewußten Faktoren ab, tritt selten und unvorhersehbar auf und ist nicht beliebig zu kontrollieren;

...

7. Trefferleistungen in ASW- und PK-Experimenten scheinen mit positiven (oder negativen) Einstellungen der Versuchspersonen dem Untersuchungsgegenstand gegenüber („Glaube bzw. Unglaube an Psi") zu korrelieren ...;
8. veränderte Bewußtseinszustände z. B. Meditation, Hypnose, Entspannung oder sensorische Deprivation scheinen das Auftreten von Psi-Effekten zu begünstigen.

(Eberhard Bauer, Stichwort: Parapsychologie, in: Gasper/Müller/Valentin, Lexikon der Sekten, Sondergruppen und Weltanschauungen, Freiburg 1994, Sp. 801 f.)

Was ist „Esoterik"?

M 15

Alternativ dazu kann in der Oberstufe und in der Erwachsenenbildung mit Definitionen aus Lexika gearbeitet werden.

Der Begriff „esoterisch" kommt aus dem Griechischen und meint so viel wie „nach innen (gerichtet)". Bestimmte religiöse Kulte, sogenannte Mysterien, bezeichnete man als esoterisch, weil sie sich nur an einen kleinen Kreis von Eingeweihten richteten und ein bestimmtes Geheimwissen voraussetzten. Im Unterschied dazu waren die offiziellen religiösen Kulte „exoterisch", also nach außen, an alle gerichtet.
Das Geheimwissen und die nötige „Initiation" (rituelle Einweihung) von Mitgliedern bringen es mit sich, dass esoterische Kulte mit okkulten, also verborgenen, gleichgesetzt werden und dass sich auch heute noch Esoterik und Okkultismus schwer trennen lassen.
Heute könnte man sagen, dass die Esoterik eine sehr vielfältige und komplexe Strömung ist, in der sich Lehren vieler Religionen, Weltanschauungen und Parawissenschaften vermischen. Im Unterschied zu früher ist esoterisches Denken populär (siehe die vielen Esoterik-Buchläden und Geschäfte mit therapeutischen Mitteln). Von solch einer populären, vor allem praktisch ausgerichteten Esoterik distanzieren sich einige Theoretiker der Esoterik, die darunter wirklich Lehren verstehen, die nicht allen zugänglich sind. Sie sprechen dann gern von einer „gehobenen" oder philosophischen Esoterik. Weltanschauliche Strömungen und Organisationen wie Theosophie, Anthroposophie und New Age kann man – mindestens teilweise – der Esoterik zurechnen.
Auch im Christentum gibt es esoterische Tendenzen. Man will von einem veräußerlichten Glauben weg und hin zu einer stärkeren Verinnerlichung. Dabei beruft man sich gern auf die christliche Tradition der Mystik. Das geschieht jedoch oft zu Unrecht, da man sich auf der Welle moderner Esoterik leicht vom christlichen Glauben wegbewegt und vieles unkritisch vermischt („Synkretismus"). Echte christliche Mystik muss sich an den Aussagen der Heiligen Schrift prüfen lassen.
Die populäre Esoterik bezieht sich zumeist auf eine elementare Sehnsucht des Menschen, nämlich gesund zu sein bzw. zu werden. Ganzheitliche Therapien sind daher Zugpferd und Verkaufsrenner der Esoterik-Geschäfte. Wo die Schulmedizin keine schnellen Erfolge hat oder durch den Einsatz von viel Technik den Menschen eher Angst macht, vermitteln esoterische Heilmittel (Pflanzenpräparate, Öle, Edelsteine, Magnete, kosmische Strahlungen, Entspannungstechniken und vieles mehr) das Gefühl, „natürlich" – und ein wenig geheimnisvoll – geheilt zu werden.
Sicher antwortet die Esoterik damit auf Defizite unserer Zivilisation. Aber sie tut das weithin in unreflektierter, unkritischer und vorwissenschaftlicher Weise.

M 16 **Erwartungen an die Esoterik:** Wohlbefinden mittels Pyramide

Dass die ägyptischen Pyramiden bis heute von Rätseln umgeben sind, beflügelt Esoteriker, hier besondere Kräfte zu vermuten, die man sich im Altertum nutzbar gemacht habe und von denen wir (Nicht-Esoteriker) heute nichts mehr wissen.
Man spekuliert, dass die geometrische Form der Pyramide geeignet sei, „kosmische Strahlen" (über deren Existenz und Natur wissenschaftlich nichts gesagt werden kann) zu bündeln und so an Menschen weiterzugeben, dass sie ihr Wohlbefinden damit steigern. Es werden allen Ernstes Baupläne für Pyramiden-Gestelle aus Kupferrohr beschrieben (ca. 2 x 2 m), die man sich im Garten aufstellen kann. In der Mitte befindet sich ein Plexiglasstab, der die „kosmische Energie" weiterleitet und denn man anfassen muss, um die Energie auf sich wirken zu lassen. Darüber hinaus sind positive Wirkungen noch im Umkreis von 60 Kilometern zu spüren!

Ein Erfahrungsbericht dazu:

Die Erfahrungen der Sylvia B.

„Als ich mich zum erstenmal in die Pyramide begab, hielt ich mich etwa eine Stunde darin auf. Ich umschloß die Plexiglasstange mit beiden Händen und schloß die Augen. Schon nach einer Minute durchzog mich ein starker Energiestrom. Er floß durch meine Arme und den ganzen Körper von oben nach unten. Der Energiestrom löste ein sehr angenehmes Wärmegefühl aus, und ich hatte das Empfinden, mit der Stange einen geschlossenen Energiekreis zu bilden. Ich spürte deutlich, wie mein ganzer Körper von frischer Lebenskraft durchdrungen wurde.
Dann sah ich Farben vor meinen geschlossenen Augen. Zunächst zarte, dann kräftige Gelbtöne, dann Orange, Rot und Blautöne, die in Violett übergingen. Zuerst zogen die Farben wie ein Band an meinem inneren Auge vorbei, dann sah ich sie spiralförmig, wie die Bewegungsabläufe eines Strudels im Wasser. Obwohl ich sonst keine visionären Erscheinungen kenne, konnte ich die Pyramidenkraft auch optisch wahrnehmen.
Dann sah ich nur noch Orange und hatte das Gefühl, daß dieses Orange zusammen mit der Pyramidenenergie meinen ganzen Körper durchdringt. Ich war befreit von Streß und innerer Unruhe und hatte mein inneres Gleichgewicht gefunden."

Die Studienrätin Sylvia B. aus Deidesheim ist fest davon überzeugt, dass Ruhepausen in der Doppelpyramide ein effektiver Weg zu innerer Harmonie und Gesundheit sind.

(Aus: Phänomene. Die Welt des Unerklärlichen, Erlangen 1993)

„Christlicher" Spiritismus in der Esoterik

In der Esoterik-Zeitschrift „Die andere Realität" (Nr. 2/1995) findet sich unter anderem ein umfangreicher Bericht über ein sensationelles Buch, in dem Interviews mit prominenten Verstorbenen veröffentlicht sind. Die Interviews sind über ein Tieftrance-Medium mit den Seelen der Verstorbenen geführt worden. Unter anderem kommen John F. Kennedy, Charlie Chaplin, Marilyn Monroe, Louis Armstrong und C. G. Jung zu Wort. Oskar Schindler empfiehlt aus dem Jenseits dem Spielfilmproduzenten Steven Spielberg („Schindlers Liste"): „ ... man könnte die ganze Tragik noch menschlicher bringen ...".
In derselben Zeitschrift schreiben die Herausgeber Conny und Dieter Wiergowski:
„Vermehrt sehen wir es als wichtig an, auch mit den etablierten Kirchen – soweit möglich – zusammenzuarbeiten. Wenn man bedenkt, daß im Mittelpunkt die Liebe und Gott, ein Leben nach dem Tod, ein soziales Engagement steht, so geht man ja mit vielen aus traditionellen Bereichen konform ...
Im Grunde genommen wäre es alles ziemlich einfach: Wenn die etablierten Kirchen sich entschließen könnten, beispielsweise Referenten, die wir ihnen vorschlagen, zur Predigt einzuladen sowie vielleicht einmal im Monat einen Geistheiler in die Kirche einzuladen, würden die Kirchen wieder voll werden ...
Wir wissen, daß auch einige kirchliche Entscheidungsträger unsere Zeitung lesen; vielleicht kann dies ein Ansporn sein, diesbezüglich einmal nachzudenken. Wir von DIE ANDERE REALITÄT würden hier sicherlich auch eine Art ‚Werbung' mittragen ..."

„Christlicher" Offenbarungsspiritismus – Beispiel Lorenzianer

„Seit Mitte des vorigen Jahrhunderts ist der Spiritismus für unzählige Menschen zu einer Quelle außerirdischer Kundgebungen geworden, die hier als Äußerungen jenseitiger Geister verstanden werden. –Von diesem Spiritismus beeinflusst, entstanden auch besondere Kreise und Gemeinschaften, die sich – im Unterschied zu den gewöhnlichen spiritistischen Zirkeln – *um medial veranlagte Persönlichkeiten* gruppierten. Ihnen schrieb man eine überragende Kraft der Vermittlung göttlicher Kundgaben zu und war überzeugt, dass sie eine einzigartige Vollmacht und prophetischen Rang haben. ...
Die einzige Gruppe, die heute noch eine gewisse Bedeutung hat, ist *die Gemeinschaft in Christo Jesu (Lorenzianer).* Sie führt ihre Entstehung auf eine Kette von drei medialen Offenbarungsträgern zurück, die unabhängig voneinander auftraten, aber von dem gleichen ‚Geist des Jüngers Johannes' geführt waren. Alle drei stammen aus dem Erzgebirge ..."
(Einer davon war Hermann Lorenz, 1864–1929, von dem sich der Name „Lorenzianer" ableitet).
„Aus seiner medialen Begabung und den (im Trancezustand) empfangenen Offenbarungen, in denen der ‚liebe, gute Heiland', Petrus, Johannes, Elias, Judas Makkabäus, Luther u.a. zu Wort kamen, leitete Lorenz ein hohes Selbstbewusstsein ab. Er war überzeugt, dass *Gott durch ihn rede*. So wurden die Offenbarungen gesammelt und in den sog. *‚Pergamenten'* aufgezeichnet. Diese stellen eine sakrosankte Schrift dar, der Bibel gleich geachtet, die weder nachgedruckt noch abgeschrieben werden darf. ..."

(Aus: Kurt Hutten, Seher, Grübler, Enthusiasten, Stuttgart [14]1989)

M 18 Erklärung der Bischofskonferenz der Vereinigten Evangelisch-Lutherischen Kirche Deutschlands (VELKD) von 1986:

„Wie Berichte aus allen Teilen der Bundesrepublik zeigen, breitet sich zunehmend eine Welle okkultistischer Betätigungen aus, die neben Erwachsenen auch zahlreiche Jugendliche erfaßt:

- Es wird versucht, mittels besonderer Vorkehrungen Kontakt mit Verstorbenen oder mit angeblich jenseitigen Wesenheiten aufzunehmen.
- Magische Selbst- und Fernheilmethoden werden praktiziert.
- Wahrsager, Hellseher und Personen, die sich selbst als Hexen bezeichnen, haben Zulauf. Astrologische Betätigungen werden propagiert.
- Satansbeschwörungen und Tötungsrituale werden praktiziert.
- Durch okkulte und spiritistische Praktiken entstehen seelische Bindungen und Ängste, die zu schweren Beeinträchtigungen der Persönlichkeit führen können.

Wer sich auf solche Dinge einläßt, betreibt keine harmlose Spielerei, sondern liefert sich der Macht des Bösen aus. Aus Sorge um den Menschen, aufgrund des ersten Gebotes, ‚Ich bin der Herr, dein Gott, Du sollst nicht andere Götter haben neben mir', warnt die Kirche heute wie zu allen Zeiten vor okkulten Praktiken jeder Art. Konkrete Beispiele aus jüngster Zeit zeigen, daß zunehmend jüngere Menschen sich dem Spiritismus zuwenden. Kinder sind besonders feinfühlig und neugierig, das Außergewöhnliche reizt sie. Darum bittet die Bischofskonferenz die Eltern, okkulten Symbolen und Praktiken gegenüber wachsam zu sein und das liebevolle, aber klare Gespräch mit ihren Kindern zu führen.
Angesichts der persönlichkeitsschädigenden Wirkungen okkulter Betätigungen werden die Redakteure in Presse, Hörfunk und Fernsehen an ihre Verantwortung für eine kritische Berichterstattung erinnert.
Die Bischofskonferenz bekräftigt die Gewißheit, daß Gott der Herr der Zukunft ist und daß Jesus Christus von aller Macht des Bösen befreit."

(Zit. nach A. und F.-W. Haack, Jugendspiritismus und -satanismus, München [2]1989, S. 39f.)

Satanismus unter Jugendlichen – die Folgen: Der Fall Sandro B. in Sondershausen

M 19

Am 29. April 1993 wurde in der Nähe der thüringischen Stadt Sondershausen der Schüler Sandro B., 15 Jahre, von drei Mitschülern ermordet, die sich selbst „Kinder Satans" nennen.
Seine Mutter schreibt:

„Mein Name ist Cornelia Beyer. Mein Sohn wurde von drei Jugendlichen, welche sich selbst als Satanisten bezeichneten, ermordet. Im August/September 1992 kam unser Sohn Sandro auf mich zu und erzählte mir von einer Gruppe Jugendlicher, die sich mit Satanismus beschäftigen. Sie würden sich im Wald treffen, dort Schwarze Messen, Satanstaufen und Beschwörungen zelebrieren und Opfer darbringen. Ich muß zugeben, daß ich als Christin von so etwas keine Ahnung hatte. Aber der Gedanke an die Existenz eines Satanskultes in meiner nächsten Umgebung machte mir Angst. Für mich ist Satan die Personifizierung des Bösen, also das Gegenteil von Gott. Sandro wurde jedoch von dem Geheimnisvollen, das diese Gruppe umgab, angezogen. Er hörte Black Metal-Musik, zeichnete Pentagramme und umgedrehte Kreuze; auf seinem Schreibtisch lag eines Tages ein Buch über den Teufel.
Sandro hatte sich auch in seinem Wesen verändert. Immer öfter reagierte er aggressiv und gereizt. Es fiel mir und meinem Mann sehr schwer, mit ihm im Gespräch zu bleiben. Seine sonst so guten Leistungen in der Schule ließen nun oft zu wünschen übrig. Diese Situation hielt trotz ständiger Gespräche einige Monate an. Dann ein Lichtblick: mit einem Male änderte sich Sandros Verhalten spürbar. Er wurde zusehends freundlicher und auch zugänglicher. Mein Bitten und Hoffen schien sich zu erfüllen: Er wollte mit der Satanistenclique nichts mehr zu tun haben. Somit ließ ich die Sache auf sich beruhen. Das Weihnachtsfest und auch die Monate danach gaben uns das Gefühl, eine gefährliche Talsohle durchschritten zu haben ...
Doch dann brach die Katastrophe mit Gewalt über uns herein. Der 29. April 1993 wurde zum Schreckenstag; an diesem Tag nämlich wurde unser Sandro auf grausame Weise ermordet. Die drei Täter waren jene jugendlichen Satanisten, von denen uns Sandro vor Monaten erzählt hatte. Alles, was bisher in geordneten Bahnen verlief, schien auf einmal fragwürdig. Für meinen Mann und mich brach eine Welt zusammen.
Tiefer Schmerz, Trauer und Entsetzen über diese Tat ließen uns erst nach Wochen erkennen, daß man die Gefahr des Satanismus verkannt hatte. Das auffällige Verhalten der Satanisten zu verharmlosen, hatte sich als falsch und verhängnisvoll herausgestellt.
Damals wuchs in mir die Hoffnung, der Satanismus würde bei dem Prozeß gegen die Mörder meines Sohnes mit auf der Anklagebank sitzen. Schließlich ging es nicht allein um Sandro. Doch in unserer Erwartung in die deutsche Rechtsprechung wurden wir gründlich enttäuscht.
Obwohl der Richter in seiner Urteilsbegründung der Überzeugung war, daß die Zuwendung zum Satanismus die Achtung vor dem Wert des Lebens zerstört habe, wurden die Jugendlichen nicht wegen ihres praktizierten Glaubens zur Verantwortung gezogen.
Der Satanismus stand bei der Verhandlung nur in mittelbarem Zusammenhang zur Tat."

(Guido und Michael Grandt, Schwarzbuch Satanismus, Augsburg 1995, S. 11 f.)

M 20.1 **Was ist Satanismus?**

Satanismus tritt in verschiedenen Formen und gesellschaftlichen Zusammenhängen auf. Das hängt mit historischen Entwicklungen, aber auch mit Erscheinungsformen der Jugendkultur zusammen. Eine mögliche Unterscheidung ist die in historischen und rituellen Satanismus (so z. B. A. und F.-W. Haack, Jugendspiritismus und -satanismus, München ²1989, S. 17).

Der historische Satanismus
bezieht sich dabei immer auf die christliche (katholische) Liturgie. Die schwarze Messe ist eine symbolische und rituelle Umkehrung der katholischen Messe, wobei heilige Handlungen und Elemente (z. B. die geweihte Hostie) geschändet werden. Satan wird als Gegenspieler Gottes verehrt und angerufen. Durch die Messe will man sich seiner Gunst versichern.
Diese Messen sind am Hof der französischen Könige im 18. Jahrhundert nachweisbar. In der Folge finden sich literarische Belege und z. T. auch phantasievolle Ausgestaltungen *(z. B. Huysmans, Baudelaire, Marquis de Sade; s. Literaturhinweise).*

Der rituelle Satanismus
hat feste Gemeinschaften (Orden, Kirchen) ausgebildet. Die christliche Kirche ist dabei nur noch bedingt das Gegenüber. Vielmehr bilden eigene Rituale und Geheimlehren das Zentrum, die von der Gnosis, aber auch vom historischen Satanismus geprägt sind. Die Ordensstrukturen mit Logen und Graden der Einweihung sind oft von der Freimaurerei beeinflusst. Zu nennen sind hier z. B. der *Ordo Templi Orientis (O.T.O.), die Fraturnitas Saturni (F.S.), Aleister Crowley und seine Thelema-Abtei. (Weitere Orientierung bietet die Fachliteratur über sogenannte Sekten und Kulte.)*

Eine differenziertere Typologie satanistischer Erscheinungen findet sich im Endbericht der Enquete-Kommission „Sogenannte Sekten und Psychogruppen" des Bundestages von 1998 (Kap. 3.4.4., S. 45):

Typologien des Satanismus

In der Satanismusforschung ist eine Typologie entwickelt worden, die zur systematischen Kategorisierung brauchbar erscheint:

- ritueller ordensgründender Satanismus,
- rationalistischer Satanismus (Satan wird als Symbol oder Chiffre verstanden),
- okkultisch-traditioneller Satanismus (Satan stellt den Gegenspieler Gottes dar),
- Acid-Satanismus (sadistische, orgiastische und drogenkonsumierende Gruppen),
- Luziferismus (Satan und Luzifer sind Objekt der Verehrung).

Quer zu dieser religionswissenschaftlichen Typisierung bilden sich Gruppen und Kulte, die eine satanistische Ausrichtung aufweisen, deren Einteilungskriterien aber vom psychosozialen und sozialen Umfeld herzuleiten sind:

1) Der *psychotische Satanismus*. In diesem Genre sind eher Einzelgänger zu Hause. Rituale werden nur allein oder in kleinem Kreis praktiziert. Nicht auszuschließen ist, dass es in diesem Bereich zu „wahnhaft" motivierten Straftaten kommt (...).

2) Ein *vermarkteter Satanismus*, d. h. eine Szene, die den Satanismus kommerziell zu nutzen weiß. Über Inserate oder noch mehr wohl über Mundpropaganda werden in einschlägigen Kreisen schwarze Messen zum Ausleben der perversesten Neigungen oder verknüpft mit sadomasochistischen Praktiken gegen zum Teil horrende Summen angeboten.

Die wohl nach außen bekannteste Ausprägung ist der *jugendzentristische Satanismus*. Im strengen Sinne handelt es sich hier nicht um echten Satanismus. Man kann darin viel eher einen jugendkulturellen Bereich sehen, der sich von der Erwachsenenwelt abgrenzen will. Hier sind vielfältige Formen und Spielarten zu unterscheiden, die zwischen der Entwendung „satanistischer Zitate" im Bereich jugendlichen Stilbastelns, der Faszination an den Symboliken des Bösen, bis hin zur Anlehnung an satanistische Ideen und die Praktizierung satanistischer Vorlagen reichen können. In diesem Zusammenhang spielen sexualisierte Gewaltphantasien und ihre Umsetzung durchaus eine Rolle. Ob allerdings diese letzte Variante im jugendkulturellen Bereich von größerer Relevanz ist, muss weiter geklärt werden.

M 21 Jugendmusikszene und Satanismus

Vor allem der Heavy Metal-Hardrock hat Musikformen hervorgebracht, die von satanistischem Gedankengut getragen werden („Black Metal", „Death Rock" u. a) bzw. deren Gruppen mit satanistischem Outfit auftreten (z. B. Venom, Black Sabbath, AC/DC, Death Angel, Slayer, Iron Maiden, Kiss, Pink Floyd, Nazareth, Black Oak Arkansas, Deicide). Durch die Texte und die Musik werden gesetzloses Leben propagiert, Gewalt verherrlicht und eine zerstörerische Botschaft transportiert. Deshalb ist die Begründung, man tue dies nur aus Werbezwecken, um die Musik besser verkaufen zu können, nicht zu akzeptieren. Sie zeugt von Verantwortungslosigkeit und Ignoranz.

Zwei Beispiele:

Highway to the Hell (AC/DC*)

„Leichtes Leben, freie Liebe, und eine Dauerkarte für eine Fahrt ohne Wiederkehr. Keine Fragen, laß mich! Ich nehme alles mit auf meinen Weg. Ich brauche keine Begründungen, keine schönen Sprüche. Es gibt nichts, was ich lieber täte, als nach unten zur Party zu gehen, wo auch meine Freunde sein werden. – Ich bin auf der Autobahn zur Hölle. – Keine Stoppschilder, kein Tempolimit, niemand, der mich bremsen kann. Wie ein Rad werde ich dahinrasen; niemand wird mich aufhalten!
Hey, Satan, zahl mir meine Vergütung! Denn ich spiele in einer Rockband.
Hey, Mamma, schau mich an! Ich bin auf dem Weg ins Gelobte Land! Haltet mich nicht auf...
Ja, ich gehe den Weg bis zum Ende ... Auf dem direkten Weg zur Hölle!"

(Quelle: RL – Zeitschr. für Religionsunterricht und Lebenskunde, 3/1991, S. 17)

Deicide (Deicide**)

„Kein Herr soll vor mir stehen / Ich kann das Licht schlagen und die Wahrheit sehen / denn ich bin das Deicide, Dominus, was könntest du tun / Du weißt, du hast versagt, wieder einmal, und du wirst immer wieder versagen / Am Kreuz, vergessener Sohn, ein Opfer, das gebracht werden mußte.
Chor: Für mich gestorben, nun, das ist so schlecht, ich glaube es nicht / Getötet von den Sünden des Bösen, das ich bin / Deine Zerstörung, Gründe einer Welt in Schmerz / Blinder Jünger, du wirst nie wieder leben.
Lohn des Todes, Lauf des Lebens / Geburt des Deicide / Augen des Schmerzes, Flehen um Tod / Wenn du zur Ruhe gelegt wirst / Drei Tage um dich zu erheben / Wenn er wieder lebt, muß er sicher sterben / Ich tötete Jesus / Einfach, um ihn auf seinem Kanzel-Thron bluten zu sehen / Ich bin das Böse / Ich bin das Deicide und ich tötete den Herrn / Keine anderen Gründe / Ich werde die Welt auf eine andere Art töten / Ich regiere diese Welt / Kreuzige ihn / Ich kann das Licht schlagen und durch die Wahrheit sehen."

(Quelle: Thomas Klie, Okkultismus, Arbeitshilfe für BBS, Loccum, S. 72)

* Die Gruppe interpretiert ihr Namenskürzel selbst als „Anti Christ/Death to Christ".
** Etwa: „Gottestötung", Parallelbildung zu „suicide" = Selbsttötung

Bekenntnisse und Äußerungen von Satanisten

M 22

Das auf Aleister Crowley zurückgehende Grundprinzip der Satanisten:
„Tue was du willst – das ist das ganze Gesetz."

Die „9 Satanic Statements" der Church of Satan:

1. Satan verkörpert Befriedigung von Begierden anstelle von Abstinenz.
2. Satan verkörpert vitale Existenz anstelle spiritueller Hirngespinste.
3. Satan verkörpert reine Weisheit anstelle scheinheiliger Selbsttäuschung.
4. Satan verkörpert Gefälligkeit gegenüber denen, die sie verdienen, anstelle von Liebe, die an Undankbare verschwendet wird.
5. Satan verkörpert Rache anstelle des „auch die andere Wange Hinhaltens".
6. Satan verkörpert Verantwortung gegenüber den Zurechnungsfähigen statt Besorgnis um seelische Erpresser.
7. Satan verkörpert den Menschen als bloß anderes Tier, das manchmal besser, viel öfter schlechter ist als ein Vierfüßler und wegen seiner „göttlich-spirituellen und intellektuellen Entwicklung" zum bösartigsten aller Tiere geworden ist.
8. Satan verkörpert alle sogenannten Sünden, weil sie alle zu körperlicher, geistiger oder gefühlsmäßiger Befriedigung führen.
9. Satan war der beste Freund, den die Kirche jemals hatte, insofern er sie all die Jahre in Schwung gehalten hat.

(Zit. nach B. Wenisch, Satanismus, Mainz 1988; A.u.F.-W. Haack, Jugendspiritismus und -satanismus, München ²1989; G. u. M. Grandt, Schwarzbuch Satanismus, Augsburg 1995)

Ein dem Satanismus verfallener Jugendlicher, inzwischen in psychiatrischer Behandlung, schrieb:
„SINN = ZERSTÖRUNG, denn es gibt nichts mehr, und der Sinn, der eigentlich gar keiner war, ist weg. ES GIBT NICHTS MEHR!"

„Ja, Gott ist witzlos, sinnlos, Satan ist der wahre Retter!
Was kann ich denn dafür, daß ich so ein hinterhältiges, verschleiertes Leben geführt habe, so daß ich jetzt in der Scheiße wate? Ja, was, was denn, was nur?
Sagt was! Was! Was! Was! ...
Gott verrecke, wenn du es warst! Ersticke in deinem Schleim – du bist Scheiße!
Meine tiefste Verachtung schenk ich dir – denn du bist ‚Der Böse'.
Satan ist gut, er lebe hoch! Nieder mit dem Leben."

(G. und M. Grandt, Schwarzbuch Satanismus, Augsburg 1995, S. 37 f.)

M23 Ein Aussteiger berichtet

„Musik und Fackeln". Der Ex-Satanist Thomas, 24, über Nachwuchswerbung.
(Aus: Der Spiegel 18/1996 vom 29.04.1996)

Spiegel: Wie sind Sie in die Satanistenszene gekommen?

Thomas: Mein Einstieg war so mit 15 Jahren. Wir haben uns in einer kleinen Gruppe mit okkulten Fragen beschäftigt, bestimmte Diskotheken aufgesucht, wo schwarze Musik gespielt wird. Eines Tages quatschte mich da jemand an, der war interessiert an meiner Einstellung. Man wird zu einer härteren Gruppe nicht gleich mitgenommen. Man wird getestet. Mit 17 war ich dann soweit.

Spiegel: Wie sehen die Tests aus?

Thomas: Ziel der Satanisten ist es, daß man Angst und Ekel verliert, daß man keine Schwäche zeigt. Also, gerade wenn es richtig weh tut, wird der Schnitt etwa in den Arm noch tiefer angesetzt. Es wurden keine normalen Klingen verwendet, sondern Klingen, die aus Eisen gebrochen sind, die reißen, was extra Schmerzen bereitet. Ziel ist, die Angst vor dem Tod zu verlieren: etwa im Leichenhaus einer Leiche die Hand zu halten – nicht ein oder zwei Minuten, sondern Stunden. Ich legte mich in einen Sarg. Der Deckel wurde verschlossen. Ich weiß nicht, wie lange das war, man hat kein Zeitgefühl. Hinterher hab ich viel Alkohol gebraucht.

Spiegel: Was war das für eine Gruppe?

Thomas: Unsere Gruppe hatte einen Führer, der sich auf Aleister Crowley berief, unter ihm gab es viele Abstufungen in der Hierarchie, die unteren Ränge wurden als Novizen bezeichnet. Ich stieg schnell auf. Es gab Reisen und Schulungen. Später organisierte ich schwarze Messen. Leute, die nach oben wollten, habe ich auf ihre Prüfungen vorbereitet, mit Satanisten aus England, Frankreich, den USA und Skandinavien organisierte ich Treffen.

Spiegel: Wie funktionieren schwarze Messen?

Thomas: Darüber kann ich noch immer nicht richtig sprechen. Sie fanden meist in einem sekteneigenen Raum statt, der mystisch hergerichtet war – aber auch auf heidnischen Plätzen im Wald oder auf Waldfriedhöfen. Die Treffen wurden nicht langfristig geplant, sondern kurzfristig ausgemacht, neugierige Interessenten vermieden. Wir trugen unsere Ordenstracht, die Rituale wurden zelebriert, mit Musik und Fackeln.

Spiegel: Wurden Jugendliche aus der Grufti-Szene dazugewonnen?

Thomas: Ich selbst war ein Missionar, ein Werber. Natürlich hab ich nicht sofort gesagt, ich bin Satanist. Ich hab den Leuten erst einmal auf den Zahn gefühlt, ob sie wirklich Interesse an der Sache haben oder ob sie das nur mal ausprobieren wollen. Es gibt eine große Kirchenfeindlichkeit in der Szene. Ich habe argumentiert: daß die Kirche am Zerbröckeln ist, der Papst nicht mehr die Macht hat wie im Mittelalter, daß die Kirche nicht so gut ist, wie sie behauptet. Wenn man genau hinhörte, konnte man schon bald die Schwächen der Person herausfinden. Da setzt man an. Man versucht, die jugendlichen Einsteiger komplett aus ihrem Umfeld herauszuziehen. Alles soll zerstört werden. Unser Leitsatz war: „Was dich liebt, tötet dich, darum töte das, was du liebst!"

Spiegel: Wie gut sind die Satanistengruppen organisiert?

Thomas: Das ist schon ordentlich vernetzt. Es hat ja auch einen kommerziellen Gesichtspunkt, weil Accessoires vertrieben werden, Bücher, Musik, und auch die Schulungen sind nicht kostenlos. Es geht somit um eine Menge Geld. Das ist wie in einer Firma.

Wie komme ich heraus?

M 24

Angst auch nach dem Ausstieg

„K., das schüchterne 16jährige Mädchen, ist eine Aussteigerin. Das Lösen von der Gruppe, wiederholt sie noch einmal, sei das Schlimmste gewesen, was sie durchmachen mußte. Noch heute schaudert sie: ‚Ich weiß, daß der Messias [in dieser Gruppe übliche Bezeichnung für den obersten Satanspriester] versuchen wird, mich wieder zurückzuholen', flüstert sie.
Was hat sie dazu bewogen, aus dem Kult auszusteigen? Ihre Mutter vermutet, K. hätte sich sexuell ‚hingeben' müssen. Wir wissen, daß Sex eine wichtige Rolle bei den meisten Satanisten spielt. K. selbst will sich dazu nicht äußern. Statt dessen nennt sie uns einen anderen, zunächst recht merkwürdig anmutenden Grund: Sie sei ein Mädchen mit Feuermalen und grünen Augen. Deshalb. Sie sei auch seltener bestraft worden als die übrigen, anders behandelt worden, ‚besser'. Als sie schließlich zufällig den Grund dafür herausfand, verwandelte sich ihre stille Zufriedenheit über diese Tatsache schlagartig in einen Schock.
K. belauschte ein Gespräch, bei dem sie die Worte heraushören konnte: ‚Wir haben sie gefunden.'
Was hatten die Satanisten gefunden?
‚Ich habe daraus geschlossen, daß sie mich opfern wollten', erzählt K. ernst. ‚So ergab auch die Sonderbehandlung für mich plötzlich einen Sinn. Opfern! Seit diesem Tag bin ich nie mehr hingegangen.'
Und wie reagierte der Kult?
‚Sie haben mir Drohbriefe geschickt. Auch in die Schule.'
Sie liest uns ein paar Sätze aus einem vor: ‚Für den Fehler wirst du noch schwer bezahlen. Und WIE du dafür bezahlen wirst. Denn wir wissen, wie du verletzbar bist, wenn es um deine Freunde geht.'
Auch K.s Freundinnen erhielten Drohbriefe. Und bald darauf einen verzweifelten Abschiedsbrief von K. selbst. Das Mädchen versuchte sich umzubringen. Der Versuch mißlang. Die heute 16jährige kam in eine psychiatrische Klinik. Jetzt lebt K. wieder bei ihrer Mutter in dem kleinen Städtchen zwischen Hannover und Bremen. Noch immer verfolgen sie Alpträume."

(G. und M. Grandt, Schwarzbuch Satanismus, Augsburg 1995, S. 36 f.)

M 25